In einem Frauengefängnis durchleben die Insassinnen die Hölle auf Erden: Unter der Aufsicht einer sadistischen Lagerleiterin werden die Frauen zur Plantagenarbeit gezwungen und müssen erniedrigende Behandlung sowie willkürliche Bestrafung erdulden. Unter den Gefangenen herrscht eine gewalttätige Stimmung und die Schwachen werden innerhalb der Gruppe zusätzlich ausgenutzt und unterdrückt. Hierhin verschlägt es unter anderem die selbstbewusste Grear (Pam Grier), die schon bald einen perfiden Ausbruchsplan verfolgt...

Nachdem B-Movie - Titan Roger Corman unter dem Dach von „American International Pictures" große Erfolge, vor allem mit den „Edgar Allan Poe"-Verfilmungen, feiern konnte, gründete er Anfang der 70er seine eigene Produktionsfirma. Mit „New World Pictures" befeuert Corman bis heute den B-Markt auf der ganzen Welt. Einer seiner ersten eigen produzierten Filme in seiner neuen Firma, war „The Big Doll House". Ein knackiger „Women in Prison"-Reißer, der auch heute nichts von seinem „Bad-Ass" Charakter eingebüßt hat.

Die Story an sich folgt den klassischen Mustern des Genres, welches Corman erst salonfähig machte. Dschungel-Knast, spärlich bekleidete Insassinnen, sadistische Wärterinnen, Duschszenen mit vielen nackten Brüsten, Catfights, Folterszenen und ordentlich Krawall im Finale. Wer diverse Vertreter gesehen hat, den wird an THE BIG DOLL HOUSE nichts überraschen. Jedoch besitzt der Film einen gewissen Rock ‚N' Roll-Charakter, wie ihn diese 70er Grindhouse-Flicks nun mal haben. Angesiedelt und gedreht auf den Philippinen, lässt Regisseur Jack Hill die Puppen tanzen. In der Hauptrolle sehen wir die smarte Pam Grier, die in diesem Werk ihr Debut abliefert. Sie ist ein Prunkstück im Film und überzeugt nicht nur mit ihrem Körper, sondern auch mit Charme und cooler Präsenz. Zudem durfte sie noch den Eröffnungssong einsingen. „Longtime Women" wurde zudem in Tarantinos *JACKIE BROWN* verwendet und erweist Hauptdarstellerin Grier eine weitere Reverenz.

Vergessen war gestern, wir sprechen darüber!

Generell durchzieht den Film dieser klassische 70er Sound, der wunderbar das Bahnhofskinofeeling unterstreicht. Und wenn unsere Heldinnen am Ende ausbrechen, kracht und knallt es gewaltig, Explosionen, Kämpfe und MG-Salven. Jack Hill fährt noch einmal richtig auf. Mit 95 Minuten gestaltet sich der Streifen sehr kurzweilig und ist fast komplett frei von Längen. Auch ist die Brutalität angenehm. Wo Kollegen wie Bruno Mattei oder Jess Franco, sich ewig mit perversen Spielchen aufhalten und in Richtung Porno schweifen, deutet Hill vieles nur an und behält den Drive in seinem Film. Denn somit gestaltet sich THE BIG DOLL HOUSE relativ rasant. Die Darsteller neben Pam Grier, machen ihre Sache recht ordentlich und lassen One-Liner und flapsige Sätze vom Stapel, wie man es aus anderen Hill Flicks, wie COFFY oder SWITCHBLADE SISTERS kennt. Danach drehte Hill noch das quasi „Follow-Up" THE BIG BIRD CAGE, welches fast schon eine Parodie zum Genre darstellt. BIG DOLL HOUSE war seiner Zeit ein großer Erfolg und förderte Cormans Produzenten-Karriere entscheidend, und wir können uns an einem extrem spaßigen Grindhousekracher erfreuen.

THE BIG DOLL HOUSE bildete quasi den Startschuss von Cormans Selbstständigkeit und ist ein sehr unterhaltsames B-Movie, welches mit Sprüchen und ordentlich Rumms auch heute noch viel Spaß macht.

Vergessen war gestern, wir sprechen darüber!

# VIDEO FREAKS

**+++INHALT+++**

## VORWORT

## Hallo Retroisten!

Seite 2 — Big Doll House
Seite 5 — Lake Placid
Seite 7 — Dick Miller Portrait
Seite 8 — Tammy and the T-Rex
Seite 10 — Kopfgeld für einen Killer
Seite 12 — Panik im Tokio-Express
Seite 13 — Nackt unter Leder
Seite 14 — Neonkiller
Seite 16 — Footloose
Seite 18 — Die Rückkehr der Zombies
Seite 21 — Gary Busey Portrait
Seite 22 — Dirty Harry
Seite 24 — Piper - Ein Ex-Cop räumt auf
Seite 26 — Naked Vengeance
Seite 28 — The Future Project
Seite 30 — Dark Breed - Invasion aus dem All
Seite 32 — Retro Facts
Seite 34 — Lorenzo Lamas Portrait
Seite 36 — Truck Stop Women
Seite 39 — Meg Foster Portrait
Seite 40 — Bonnie Bedelia Portrait
Seite 42 — Top Job
Seite 45 — Die Fliege
Seite 46 — A Chinese Ghost Story
Seite 47 — Vorschau

Und schon ist es wieder soweit: Ihr haltet die nächste Ausgabe unseres kleinen Fanzines in den Händen.

Wir haben mit Volume 1 viele Fehler begangen, vor allem was Rechtschreibung und Grammatik angeht. Wir bekennen uns zu den Fehlern und bedanken uns für Hinweise, Anregungen & Vorschläge für unser Heft.

Des Weiteren haben wir ein wenig am Layout getüftelt, der Buchumschlag mit inbegriffen. Auch haben wir uns aus zeitlichen und organisatorischen Gründen zuküftig für einen 3-monatigen Erscheinungs-szyklus entschieden.

Wieder erwarten Euch Klassiker, Kultstreifen und geheime Filmperlen in diesem Heft. Wir haben wieder eine bunte Mischung aus vielen Genres für Euch zusammen getragen und stellen sie Euch genauer vor.

Wir wünschen Euch viel Spaß mit dem
"VIDEO FREAKS Volume 2"

Euer Stefan, Till, Christopher, Holger und Bernhard.

Vergessen war gestern, wir sprechen darüber!

+++HORROR+++

# LAKE PLACID (1999)

Ein 12-Meter-Krokodil hat einen Taucher in Stücke gerissen. Doch sein Hunger ist noch lange nicht gestillt! Eine schwer bewaffnete Truppe versucht den Horror zu beenden und die gewaltige Fressmaschine unschädlich zu machen. Die neurotische Paläontologin Kelly, Wildhüter Jack, der exzentrische Mythologie-Professor Hector und Sheriff Hank können nicht verhindern, dass es weitere Tote gibt. Das Team macht außerdem eine bizarre Entdeckung über das monströse Krokodil und seinen Hunger. Die Jagdzeit ist eröffnet, doch es stellt sich die Frage: Wer ist hier der Jäger und wer der Gejagte...

von Christopher

Weiße Haie, Killer-Bienen, gefräßige Piranhas oder menschenfressende Schnecken. Das Genre des Tier-Horrors hat schon viele Lebewesen zu Film-Antagonisten auserkoren. Genre-Routinier Steve Miner spendierte 1999 dem Killer-Krokodil ein Comeback und lieferte einen Starbesetzten B-Horrorspaß ab der mit geringer Laufzeit fast keine Längen aufweist und durch pointierte Dialoge durchweg nette Unterhaltung bietet. „Welcome to Lake Placid"!

Dieses Creature-Feature, ja so kann man es nennen, präsentiert sich quasi als Horror-Komödie. Immerhin saß *ALLY MCBEAL* und *BOSTON LEGAL*-Schöpfer David E. Kelley am Drehbuch, was dem B-Movie das gewisse Etwas verleiht. Man bekommt zwar keinen Slapstick geboten, doch die witzige Figurenkonstellation in Verbindung mit passenden Dialogen, streut einen unverkennbaren Humor in die recht flache Story.

Vergessen war gestern, wir sprechen darüber!

Aber LAKE PLACID will auch nicht mehr sein. Eine liebenswerte Hommage an die Creature-Features von damals mit einem gehörigen Augenzwinkern. Die Schauspieler sind in sichtlicher Spiellaune und erledigen den Rest. Der von Bill Pullman gespielte Wildaufseher Jack, ein ruhiger Charakter, läuft im Angesicht der Bestie zur Hochform auf. Auch Bridget Fonda als penible Museumsmitarbeiterin ist im Zusammenspiel mit dem von Brendan Gleeson gespielten Sheriff extrem unterhaltsam und die Frotzeleien machen erheblich Spaß. Oliver Platt liefert als durchgeknallter Millionär die witzigste Performance ab und die Wortgefechte mit Gleeson sind durchweg spaßig. Dazu gibt es noch GOLDEN GIRLS-Star Betty White als verwirrte Einsiedler-Witwe. Die Besetzung stimmt und kaschiert die inhaltliche, na ja, Leere sehr gekonnt. Es scheint, als wäre das Kelley bewusst gewesen. Der gibt die ein oder andere blutige Szene und im Großen und Ganzen ist der Film sehr ansehnlich inszeniert.

Steve Miner, der sich seine Sporen mit FREITAG DER 13. Teil 2 & 3, sowie dem Slasher-Revival „Halloween H20", verdiente hat ein Gespür für Timing und erzeugt sehr ansehnliche Bilder. Die Action stimmt ebenfalls und lässt den Streifen zu einem unterhaltsamen, kurzweiligen Spaß werden.

Der Film erhielt bis 2012 drei Sequels, welche allerdings für das Fernsehen produziert wurden und in denen keiner der hier Beteiligten wiederzufinden ist. 2015 gab es noch einen weiteren Teil, der die Reihe mit dem ANACONDA-Franchise kreuzt, klar was auch sonst.

LAKE PLACID ist spaßiger Tier-Horror, der sich seinen Klischees bewusst ist und das

Fun soll im Vordergrund einer klassischen B-Movie Geschichte stehen.

Die Story unterscheidet sich nicht groß von ähnlich gelagerten Filmen und die 79 Minuten Laufzeit, ziehen das Ganze nicht unnötig in die Länge. Kurz, knackig, gut!

Die Effekte sind sehr ansehnlich, zumal Stan Winston dafür verantwortlich war. Es

Augenmerk klar auf humorvolle Schlagabtausche zwischen den Figuren legt, welche durch gute Effekte, etwas Action und leichtem Trash-Appeal in einen kurzweiligen B-Movie Spaß münden. Ein guter Film für zwischendurch.

Der Film ist ungekürzt ab 16 Jahren auf VHS, DVD und Blu-Ray erhältlich.

Vergessen war gestern, wir sprechen darüber!

# Dick Miller – Ein Genretitan namens Walter Paisley

von Till

Dick Miller – Geboren am 25.12.1928 in Bronx, New York, USA.

Richard „Dick" Miller ist der Sohn von Isidor und Rita, russische Immigranten, und nicht nur ein Schauspieler, sondern eine B-Film-Legende. Nachdem er das Theater besucht hatte, arbeitete er nicht nur am Broadway, ebenfalls auch in einen psychiatrischen Krankenhaus. 1952 zog er nach Kalifornien um sein Glück zunächst als Autor zu finden. Der Theaterschauspieler, der auch bei der U.S. Navy diente und einen Titel im Mittelgewichtboxen hat, erlangte vornehmlich durch zwei Regisseure Berühmtheit. Mit Roger Corman drehte er 20 Jahre (!) lang Filme. Es entstanden mit ihm filmische B-Filmklassiker wie KLEINER LADEN VOLLER SCHRECKEN, DAS VERMÄCHTNIS DES PROF. BONDI, IT CONQUERED THE WORLD!, LEBENDIG BEGRABEN, THE TERROR oder DER MANN MIT DEN RÖNTGENAUGEN.

Und mit Joe Dante, für den er in bisher jeden Film vor der Kamera stand. Am bekanntesten ist seine Rolle als Kriegsveteran Futterman in den GREMLINS-Filmen. Generell ist Miller eine wahre Genregröße. Wenn man seine Rollen betrachtet fällt eine Sache besonders auf: den Charakter des Walter Paisley spielte er zwischen 1959 und 1994 in insgesamt 5 Filmen und einem Theaterstück. Ein Charakter, der überall mal auftaucht in ganz unterschiedlichen Rollen.

So spielte er in DAS TIER (bis heute seine Lieblingsrolle), THE TERMINATOR, DIE NACHT DER CREEPS, MEINE TEUFLISCHEN NACHBARN, SMALL SOLDIERS und und und. Auch in PULP FICTION spielte er mit wurde aber rausgeschnitten. Miller zeichnete sich sowohl durch sein kantiges Gesicht aus, wie auch durch die Ironie, die er seinen Figuren stets abgewann. Mit folgenden Schauspielern drehte er folgende Anzahl an Filmen: Kevin McCarthy, (7), Robert Picardo, (11), Belinda Balaski, (9), Mary Woronov, (8) und Paul Bartel, (11). Auch die allesamt Genregrößen. Und bei 178 Rollen in Film und Fernsehen wird er unvergessen bleiben. Zudem drehte er eine Folge der TV-Serie MIAMI VICE. Auch in STAR TREK: TNG und DEEP SPACE NINE war er zu sehen. Ebenso in V – DIE AUSSERIRDISCHEN oder in FAME – DER WEG ZUM RUHM. Aber für mich ist er immer das Gesicht des guten, alten B-Films.

Vergessen war gestern, wir sprechen darüber!

+++TRASH+++

# TAMMY AND THE T-REX (1994)

von Stefan

Michael, der vom Ex seiner Freundin in einem Tiergehege eingesperrt wurde, wird von einem Löwen schwer verletzt. Das nutzt der verrückte Professor Dr. Wachenstein aus und stiehlt Michaels Körper. Wachenstein hat nämlich einen mechanischen T-Rex gebaut, zu dessen Vollendung nur noch ein intaktes Gehirn fehlt. Die Gehirntransplantation glückt, doch das Einzige was der T-Rex im Sinne hat, ist Rache an seinen Peinigern. Nachdem er auf einer Party ein Chaos anrichtet, jagt ihn sowohl Dr. Wachenstein als auch die Polizei. Seine einzige Chance besteht darin, einen frischen Körper zu finden, um sein Gehirn wieder zurück in einen Menschen zu verpflanzen.

Schon 1984 lieferte uns Regisseur Stewart Rafill eine Trash-Granate ab. Die Rede ist von KRIEG DER EISPIRATEN mit Robert Urich und Mary Crosby. Doch gut 10 Jahre später kam TAMMY AND THE T-REX zu uns und übertraf, zumindest was den Trashfaktor angeht, den SciFi Streifen von 1984 um Längen.

Die Welt war im Dinosaurierfieber, Schuld daran war definitiv JURASSIC PARK. Der Erfolg lockte andere Produzenten hervor, sich vom derzeitig kursierenden Fieber etwas abzuknapsen.

Vergessen war gestern, wir sprechen darüber!

TAMMY AND THE T-REX ist eine Mischung aus Horror, Komödie und Science-Fiction. Der Trash - Bonus kommt aufgrund der Erzählweise und vor allem der Inszenierung zum Tragen.

## Dinosaurier werden immer trauriger

Schaut man sich TAMMY AND THE T-REX an, so werden einem vor allem einige bekannte Gesichter aus der Filmwelt auffallen. Allen voran die damals noch sehr junge Denise Richards, die am Anfang ihrer Karriere stand, bevor sie in den Krieg in STARSHIP TROOPERS zog, und auch dem britischen Geheimagenten JAMES BOND 007 – DIE WELT IST NICHT GENUG zur Seite stand. In der Rolle des Michael ist der vor ein paar Jahren verstorbene Paul Walker zu sehen. Ihn kennt man vor allem aus der Filmreihe FAST AND THE FURIOUS an der Seite von Vin Diesel. Als Dr. Wachenstein ist Terry Kiser zu bewundern.

Storytechnisch bewegt sich der Film auf sehr konfusen Terrain. Ein verrückter Wissenschaftler möchte einem mechanischen Dino echtes Leben einhauchen. Um die Idee in die Tat umzusetzen braucht er ein Versuchskaninchen, egal ob freiwillig oder nicht: Ein menschliches Gehirn soll verpflanzt werden. Dazu soll ein elektronischer Dinosaurier dienen.

## The Coolest Pet in Town

Die Inszenierung des Dinos wurde mithilfe von Animatronics und Stop - Motion - Technik umgesetzt. Leider aufgrund geringen Budgets nicht sonderlich qualitativ. Bekannte Puppentechniken, wie man es unter anderem auch aus „Chucky" kennt, fanden ebenfalls ihren Einsatz. Einige Einstellungen wurden mit einfachen Mitteln wie Vorderbeinen, Armen und Füßen aus Gummi in Szene gesetzt. Unter anderem als der T-Rex mit seinen verkümmerten Vorderbeine eine Nummer in der Telefonzelle wählt und sich den Höhrer an den Kopf hält. Zuweilen ist auch klar zu erkennen, dass der Dino sich auf einem Rollbrett fortbewegt.

Der Humor in TAMMY AND THE T-REX bewegt sich auf unterem Slapstick-Niveau. Mit der Holzhammer - Methode werden dem Zuschauer flache Sprüche und kaum zündende Witze näher gebracht. Die beiden Genres Horror und Humor kann man verbinden, doch hier gelang es eher weniger. Im Gegenteil, beide Elemente stehen sich gegenseitig im Weg und nehmen sich ihre Möglichkeiten zu entfalten.

Bei einigen Szenen bekommt man den Eindruck, dass hier ein härterer Streifen angedacht war. Dies merkt man vor allem an der Operationsszene in der man Michael (Paul Walker) den Schädel aufschneidet und das Gehirn entnimmt. Doch durch rasche Schnitte und Einstellungen verpuffen solche Möglichkeiten wieder recht schnell.

TAMMY AND THE T-REX ist in Deutschland bislang nur auf VHS vom Label „Goldlight" erschienen. Es existieren eine Verleih und eine Kaufhausversion. Sie unterscheiden sich vor allem durch die FSK Freigabe. Die Leihversion ist ab 18 und ist ungeschnitten. Die Kaufversion eine 16er Freigabe und dort wurden 8 Minuten entfernt.

Vor allem die Verleihversion ist bei Sammlern

+++WESTERN+++

# KOPFGELD FÜR EINEN KILLER (1972)

Italowestern werden von vielen geliebt und auch von vielen verächtet. Der Western KOPFGELD FÜR EINEN KILLER wurde in Italien im Jahr 1972 gedreht. Als Regisseure sind zwei Namen in den Datenbanken eingetragen, zum einen Oscar Santaniello und zum anderen Joe D´Amato. Laut vielen Einträgen drehte Amato aber zumeist den Film, wollte jedoch nicht in den Kredits namentlich genannt werden – aus Angst es könnte seiner Karriere schaden. Doch schaut man sich die Laufbahn dieses Regisseurs genauer an, so drehte er ziemlich viele Filme abseits der Norm, und driftete auch ordentlich ins Hardcore - Geschäft ab. Zweifellos zählen seine Filme wie MAN EATER von 1980, NACKT UNTER KANNIBALEN von 1977 und ATOR – DER UNBESIEGBARE von 1984, um nur einige seiner langen Filmliste beim Titel zu nennen.

Die Story von KOPFGELD FÜR EINEN KILLER ist simpel und einfach gestrickt. Ein Dorf wird von einer mexikanischen Bande terrorisiert und die Hilferufe nach dem Gesetz scheitern kläglich. Man ruft sich professionelle Hilfe herbei, indem man Kopfgeldjäger für seine Ziele engagiert, um sozusagen die Drecksarbeit zu übernehmen.

Die Einwohner der kleinen Stadt Trinita engagieren einen Kopfgeldjäger (Jeff Cameron), der sie von einer gewalttätigen mexikanischen Bande beschützen soll, die das Land terrorisiert...

von Stefan

Vergessen war gestern, wir sprechen darüber!

+++WESTERN+++

In die Rolle des Kopfgeldjägers in KOPFGELD FÜR FINEN KILLER schlüpfte der Schauspieler Jeff Cameron. Seine Karriere begann vor allem im Genre der Sandalenfilme in den 60er Jahren. Auch arbeitete Cameron als Stuntman für die Filmbranche und konnte somit einige Erfahrungen sammeln. Mitte der 60er Jahre wechselte Cameron ins Western Genre und konnte dort einige Rollen ergattern. Sei es für *EIN HALLELUJA FÜR DJANGO* von 1967, *HEUTE ICH...MORGEN DU!* von 1968, oder auch für seinen Auftritt in „Nur der Colt war sein Gott" aus dem Jahr 1972. 1973 drehte Cameron seinen letzten Film mit dem Titel *PATE DER BRONX*.

KOPFGELD FÜR EINEN KILLER versprüht reinstes Italo - Western - Flair: dreckig, schmierig und mit rauher Gewalt. Dazu einen wohlklingenden Score vom Komponisten Vassili Kojucharov. Seine Komposition klingt passend, stimmig und unterstützt die bewegten Bilder zunehmend. D´Amato fing wundervolle Szenen ein, dazu gehören Saloon - Schlägereien dazu, sowie Duelle zweier Protagonisten, oder auch wilde Schussorgien vieler Cowboys.

Besonders sticht der Einfall der Skriptschreiber hervor, dass sich ein Kopfgeldjäger einer Armbrust als Hilfsmittel bedient, mit der so richtig die Post abgeht und im Wilden Westen aufgeräumt wird.

Dem Western fehlt es an manchen Stellen etwas an Logik. Die Bösewichte treten erst hervor, wenn die Armbrust mit Feuerpfeilen gespannt ist. Sie werfen sich förmlich dem Kopfgeldjäger hin. Nun, bei einer einfachen Story sollte man nicht zu viel erwarten. Dennoch glänzt KOPFGELD FÜR EINEN KILLER mit viel Action.

Der Italowestern ist hierzulande auf VHS und DVD erschienen. Auf VHS vom Label „Silwa" und auf DVD von „White Pearl", die leider dafür bekannt sind, schlechtes VHS - Material ohne Nachbearbeitung auf Scheibe zu pressen. Doch diese Version unterscheidet sich sehr von anderen des Labels. Das Bild ist relativ scharf und klar und kommt mit wenig Fehlern, Schlieren und Körnung aus.

Vergessen war gestern, wir sprechen darüber!

+++FILM-TICKER+++

# PANIK IM TOKIO-EXPRESS (1975)

von Stefan

Ein japanischer Katastrophenfilm mit einem bekannten Gesicht in der Hauptrolle. Sonny Chiba: in PANIK IM TOKIO-EXPRESS von 1975.

### Es fährt ein Zug...

Mit 1500 Passagieren an Bord verlässt der Hikari 109 den Bahnhof von Tokio. Sein Ziel ist das 1176 Kilometer entfernte Hakata. Kurz nach seiner Abfahrt geht in der Zentrale der Eisenbahngesellschaft ein anonymer Anruf mit der Nachricht ein, dass im Hikari 109 eine Bombe deponiert sei, die sofort explodiert, wenn der Zug seine Geschwindigkeit auf 80 km/h reduziert. Um der Drohung Nachdruck zu verleihen, sprengen die Erpresser mit der gleichen Bombe einen Güterzug. Der Entwickler der Bombe verlangt 5 Millionen Dollar Lösegeld für die Information, wie man sie entschärfen kann. Die Eisenbahngesellschaft geht auf die Forderung ein, doch die Polizei eröffnet die Jagd auf die Erpresser und ignoriert deren Drohungen. Ein fataler Fehler, denn damit stellen sie die Weichen für den Tod von 1500 Menschen...

Der Film unterscheidet sich deutlich von amerikanischen Katastrophen. Vor allem wurde hier auf Charaktertiefe gesetzt. Man wird nicht nur Zeuge der Katastrophenfilm, sondern bekommt obendrein noch die Ermittlungen der Polizei zu Gesicht, sowie auch die Hintergründe und das Leben der Hintermänner vom Bombenattentat. Und zwar mit Hilfe von Rückblenden auf Ihr vorheriges Leben.

Trotz der extrem langen Laufzeit von über zwei Stunden, vorausgesetzt man schaut sich die japanische Variante an, ist PANIK IM TOKIO-EXPRESS spannend und sehr fesselnd. Die deutsche Version wurde auf 98 Minuten heruntergesetzt.

Abgeschlossen wird dieser Katastrophen-Thriller mit einem poetischen Ende auf allen Seiten. Es muss ja nicht immer GODZILLA aus Japan im Player sein.

Zu empfehlen ist die Version vom Label „Subkultur" auf Blu-ray in der Amaray - Hülle oder die Mediabook Variante. Dort sind beide Versionen enthalten und man kann deutsche Untertitel einschalten.

*Vergessen war gestern, wir sprechen darüber!*

# NACKT UNTER LEDER (1968)

Die frisch verheiratete Rebecca verlässt am frühen Morgen ihren Ehemann im Elsass und fährt auf dem Motorrad nach Heidelberg zu ihrem Lover Daniel. Auf der Fahrt lässt sie ihren erotischen Fantasien freien Lauf und erinnert sich daran, wie sich ihre Beziehung zu den beiden Männern entwickelt hat. In ihrer Ehe erlebt sie freundliche Zärtlichkeit und Sicherheit, aber auch Langeweile und vor allem keine sexuelle Erfüllung. Die bietet ihr der geheimnisvolle und unberechenbare Privatdozent Daniel, den sie in der Buchhandlung ihres Vaters kennen lernt. Schließlich will sich Rebecca aber doch zwischen Leidenschaft und Sicherheit entscheiden.

von Stefan

NACKT UNTER LEDER ist ein Skandalfilm aus dem Jahre 1967. Das Roadmovie mit Kultstatus basiert auf dem Erfolgsroman LA MOTORCYCLETTE von André Piere De Mandiargue.

Obwohl die junge Rebecca erst vor zwei Monaten geheiratet hat, ist sie gar nicht glücklich mit ihrem Mann. Der Ort an dem sie wohnen ist ihr zu düster, ihr Leben zu langweilig. So steigt sie eines Morgens aus dem Bett, zieht sich ihre Motorradkluft an und macht sich auf dem Weg in die Schweiz, zu ihrem Geliebten Daniel. Unterwegs wird der Zuschauer anhand von Tagträumen in die Phantasie der Frau mit einbezogen, so dass er einiges aus der Vergangenheit erfährt.

Die Mischung aus Drama, Softporno und ein wenig Komödie ist dem Regisseur Jack Cardiff sehr gut gelungen. Und der deutsche Titel sagt dem Zuschauer das, was er von diesem Film erwarten kann: Eine schöne Frau in schwarzem Leder, nackt bis zum Scheitel – na, wenn das nicht die Phantasie anregt …

Wer Filme der späten 60er Jahre mag, wird mit NACKT UNTER LEDER einen unterhaltsamen Abend verbringen.

Vergessen war gestern, wir sprechen darüber!

+++THRILLER+++

# NEONKILLER (1985)

von Stefan

Eine tödliche Waffe bedroht San Francisco. Auf Neon abgefeuert ruft der Laserstrahl eine gigantische Explosion hervor. Ronn hat den Auftrag, die Waffe und deren Erfinder aufzuspüren und außer Gefecht zu setzen.
Die Jagd nach Yuri, dem verrückten Wissenschaftler, gleicht einem Alptraum. Erpresser fordern 1Million Dollar von der Stadt. San Francisco soll dem Erdboden gleichgemacht werden. Die Zeit läuft...

Man könnte denken, dass es sich bei NEONKILLER (Originaltitel: Colpi di luce) um einen amerikanischen Streifen handelt. Doch der Film von 1985 ist unter italienischer Leitung entstanden und wurde lediglich in den USA gedreht.

Enzo G. Castellari drehte den Film mit B-Movie Darsteller Eric Estrada in der Hauptrolle des Detective Ronn. Castellari ist kein Unbekannter. Er drehte Klassiker wie ZWIEBEL JACK, KEOMA, DSCHUNGEL DJANGO mit Franco Nero und nicht zu vergessen RIFFS – DIE GEWALT SIND WIR.

## ITALIENISCHE VERSION VON DIRTY HARRY UND JAMES BOND

Eric Estrada, zumeist bekannt aus der TV-Serie CHIPS, in der er den Motorrad-Polizist Ponchorello mimt. Estrada ist aber auch im Filmbusiness sehr tätig gewesen. Zu seinen filmischen Werken zählen Filme wie BLUTIGES INFERNO, ALIEN SEED und NIGHT OF THE WILDING. In NEONKILLER schlüpft er in die Rolle des Detective Ronn, der an einem harten Fall arbeitet. Als noch seine Freundin durch die Bösewichte ums Leben kommt, sinnt er nach Rache. Kann er den Fall lösen?

Ja kann er! Noch dazu sehr tempo- und actionreich. Der Großteil des Budgets floss sicherlich in die Stunts und Actionszenen. Hier bekommt man satte Shoot-Outs serviert, die noch schön in Nahaufnahmen gezeigt werden. Zudem werden sie sehr blutig in Szene gesetzt. Dazu noch zahlreiche Autostunts. Sei es Verfolgungsjagden oder auch ein Duell mit einem Radlader. Auch durften hier die Stuntmänner mehrmals brennend durch die Gegend laufen. Was die Action angeht, so könnten sich so manche Filme mehr als eine Scheibe abschneiden.

Die Story hingegen klingt recht einfach. Ein Bösewicht erpresst eine Stadt und droht

sie zu zerstören, falls seine Forderungen nicht erfüllt werden. Sie schreitet in schnellen Schritten voran. Viele Wendungen und Überraschungen sind nicht in den Plot integriert worden. Der Hauptaugenmerk liegt bei der Action. Die Story dient nur als Aufhänger, damit die Action aneinandergereiht dem Zuschauer präsentiert werden kann.

## OLIVER ONIONS BRÜDER MISCHEN AUCH MIT!

Die Szenen in denen die Menschen durch die ominöse Laserkanone ums Leben kommen, sind effekttechnisch sehr einfach umgesetzt worden. Sie wirken in Anbetracht heutiger Möglichkeiten leicht trashig. Doch man bedenke das der Film von 1985 ist und das geringe Budget für andere Dinge am Set zum Einsatz kam.

Estrada mimt die italienische Version des DIRTY HARRY mit JAMES BOND - Anleihen sehr überzeugend. Ein harter taffer Typ, der energisch und erfolgsorientiert an seinen Fällen arbeitet. Dazu noch das typische Outfit der 80er Jahre. Hemd, Jeans und natürlich die Cowboystiefel, oder auch Stiefeletten.

Den Titelsong „You never know, what your love cost / Till your love's lost" stammt von Oliver Onions, und wird mehrmals gespielt. An manchen Stellen mag er zwar nicht zum gezeigten passen, dafür steht er voll für die 80er Jahre.

+++DANCING THROUGH THE 80'S+++

# FOOTLOOSE (1984)

Der musik- und tanzbegeisterte Ren zieht mit der Mutter von Chicago zu Verwandten in ein verschlafenes Provinznest. Dort ist öffentliches Tanzen per Gesetz verboten. Ren verliebt sich in Ariel, Tochter des Pfarrers, der Rockmusik als Teufelswerk geißelt. Bei einem Traktor-Duell besteht Ren eine Mutprobe und beginnt, die Jugend für die Durchführung einer öffentlichen Tanzveranstaltung zu begeistern. Der Stadtrat überstimmt den Antrag. Ren überzeugt den Pfarrer. Die große Fete findet in einer Fabrikhalle statt.

*von Christopher*

Tanzen macht frei. Diese, nun ja, Lebensweisheit ist eines der Kernelemente, die man als Zuschauer aus den Tanzfilmen der 80er entnehmen kann. Portraitierte schon das „Quasi"-Musikvideo „Flashdance" Tanzen als Sinnbild für Freiheit und das Ausleben der eigenen Gefühle, so geht der 1984 erschienene FOOTLOOSE vom früheren Broadway-Regisseur Herbert Ross noch einen Schritt weiter und inszeniert selbiges nicht nur als Ausdruck von Freiheit, sondern auch als Rebellion gegen das Spießertum. Somit wirbelt sich ein junger Kevin Bacon in diesem Film gegen die Konventionen einer Kleinstadt und lässt dem Rock'N'Roll oder auch dem 80er Synth-Pop freien Lauf.

Die Handlung mag erst mal seltsam wirken, da man sich einen Ort in dem Tanzen verboten sei soll nur schwer vorstellen kann, allerdings beruht der Plot auf durchaus wahren Begebenheiten, denn in der Kleinstadt „Elmore City", Oklahoma, herrschte seit 1861 wirklich ein Tanzverbot, bis sich im Jahr 1980 Teenager gegen dieses Gesetz auflehnten und erstmals eine Tanzveranstaltung organisierten. Als diese stattfand berichtete ganz Amerika darüber. Diese „True Story" diente als Vorlage für diesen Film, der sich aber weniger um politische Entscheidungen oder kritische Sichtweisen in Bezug auf Spießertum bemüht, sondern in seiner Inszenierung ganz klar am klassischen Unterhaltungskino, wie zum Beispiel „Flashdance", orientiert. Der Regisseur Herbert Ross legt sein Augenmerk ganz klar auf die Interaktionen der Teenager, inklusive obligatorischen Romanzen und Streitereien, die gängigen Klischees folgen, wie man sie in gefühlt

*Vergessen war gestern, wir sprechen darüber!*

# +++DANCING THROUGH THE 80'S+++

Hundert weiteren Teenie-Filmen finden kann.

Ren MacCormack ist der klassische Held, der erst als Neuling Akzeptanz finden muss und sich Respekt verschafft und es als einziger wagt, gegen die Autorität der Erwachsenen, speziell Reverend Moore, vorzugehen. Natürlich bandelt er irgendwann mit der Pfarrerstochter, also der des Gegenspielers, an, liefert sich ein Duell mit dem Stadt-Bullie und beginnt eine Freundschaft mit dem weiden Typen von der High-School. Diese ganzen Motive ausgiebig abgearbeitet und so bleibt der Film extrem vorhersehbar, da man vieles kommen sieht. Herbert Ross lässt durchaus die, bereits erwähnte, Kritik an den Autoritäten durchschimmern, jedoch macht er nichts damit. Die, quasi, Bösewichte im Film bekommen wenig Backstory und der Streifen setzt sich fast nicht mit deren Sichtweisen auseinander. Sie sind halt einfach dagegen und sehen Rock- und Tanzmusik, sowie das Tanzen an sich, als verrohend an. Am ehesten Gewicht bekommt noch Reverend Moore, dem aber lediglich eine Motivation zu Grunde gelegt wird, die aber nicht näher beleuchtet wird. Erst gegen Ende kommt dann die Redemption, was auch sonst, da Ren ein Plädoyer für die Freiheit hält. Das ist alles extrem plakativ aber auch effektiv, immerhin verkauft der Film sich als Tanz- und Jugendfilm und nicht als Drama der Sozialkritik. Somit kann ich damit durchaus Leben. Was gut funktioniert sind die Tanzszenen, da Hebert Ross hier seine Erfahrung vom Broadway zugutekommt. So sind diese Sequenzen mit Drive inszeniert, wie Rens Solo in der Mühle und vor allem das Ende auf der Party, in dem dann der Bär steppt. Obwohl das dann eher nach Line-Dance in der Dorfdisco aussieht, ist es mit Schwung und Spaß inszeniert.

An der Darstellerfront gibt es allerlei Interessantes. Ganz vorne dabei ist sicher Kevin Bacon, der vorher neben einigen kleinen Rollen, vor allem für seine Rolle in FREITAG DER 13. (1980) bekannt war und mit FOOTLOOSE seinen Durchbruch hatte. Ich bin kein großer Fan von ihm, aber tanzen kann er. Die interessanteste Figur ist sicherlich die Pfarrerstochter Ariel, gespielt von Lori Singer. Sie ist sehr ambivalent dargestellt und weniger von Klischees belastet als andere Figuren. Auf der einen Seite ist sie die Tochter des Antagonisten und auf der anderen Seite missbilligt sie seine Ansichten, flüchtet sich aber in sexuelle Abenteuer und kleine verbotene Jungendsituationen um ihren Kummer zu verarbeiten. Der Reverend, der zwar nicht gut ausgearbeitet wird, wird allerdings von John Lithgow tadellos gespielt. Mit Lithgow als Bösen macht man nun mal nichts verkehrt. Dianne Wiest, zweifache Oscarpreisträgerin, wird quasi in der Ecke stehen gelassen, was sehr schade ist. Chris Penn, bekannt als Nice Guy Eddie aus RESERVOIR DOGS (1992), spielt mit Charme und Sympathie und Sarah Jessica Parker hat hier ihren ersten Filmauftritt, der allerdings belanglos ist. Der Soundtrack setzt sich auch bei diesem Film aus eingängigen Pop und Rocksongs zusammen. Kenny Loggins, der für den ganzen Score verantwortlich war, trällert zudem den Titelsong, der heute noch auf jeder Party funktioniert. Neben weiteren Gassenhauern, wie „Let's hear It for he Boy" von Deniece Williams oder Shalamars „Dancing in the Sheets" sticht vor allem Bonnie Tylers Röhre hervor, die mit „Holding out for a Hero" einen echten Kracher beisteuert. Somit bekommt man auch hier einen Hit-Soundtrack, der zwar nie den Kult erreichte, wie es FLASHDANCE, tat, jedoch sich dahinter nicht verstecken muss. So bleibt FOOTLOOSE ein Film, der hinter seinem Potential zurückbleibt und sich durchaus der viel kritisierten Musikvideo-Ästhetik bedient, jedoch als 80er Teenie-Film mit Pop-Soundtrack und schicken Tanzeinlagen durchaus unterhält.

FOOTLOOSE macht vieles falsch. Figuren werden verschenkt, die angeprangerten Sozial- und Machtstrukturen kommen nicht richtig durch und Klischees werden ausgewalzt. Auch die Tanzszenen sind nicht so spektakulär, wie in FLASHDANCE, jedoch hat der Film genug Drive und Energie satt, zudem bessere Schauspieler, die ihn als fluffigen 80er Film für ein bestimmtes Zielpublikum wieder sehenswert macht. Definitiv kein Meilenstein aber an dunklen Sonntagen kann man hier auch ganz nett mitgrooven.

Vergessen war gestern, wir sprechen darüber!

Im Landhaus eines reichen Industriellen treffen sich eine Anzahl Leute zu einem fröhlichen Wochenende. Doch das Grauen schlägt sie bald in seinen Bann. Als die Nacht hereinbricht, kommt eine Horde schrecklicher Wesen aus der Dunkelheit: Zombies, die panische Furcht verbreiten und schauderhafte Verbrechen begehen. Die Gruppe versucht sich zu schützen ... doch vergeblich. Mit unvorstellbarer Grausamkeit schlagen die lebenden Toten zu! Es gibt kein Entrinnen!

## „WHEN THERE'S NO MORE ROOM IN HELL, THE DEAD WILL WALK THE EARTH!"

Dieser fesche Satz hat Kultstatus, war er doch die Tagline zu George A. Romeros Horror-Meisterwerk DAWN OF THE DEAD aus dem Jahr 1978. Ein stilbildender Film, der auch heute noch zu den großen Glanzleistungen des Genres gehört. Der Erfolg rief natürlich einige Trittbrettfahrer auf den Markt und besonders in Italien begannen Regisseure eigene, meist günstig produzierte, Zombiefilme auf den Markt zu werfen, die aber weit entfernt von der Finesse eines „Dawn of the Dead" waren. Eines dieser Rip-Offs war der 1980 erschienene DIE RÜCKKEHR DER ZOMBIES, in dem sich Schmuddel-Auteur Andrea Bianchi auf das wesentliche konzentriert: Titten, Zombies und Gore!

Ach ja, die Italo Rip-Offs. Jedes populäre Genre bekam in den 70ern und 80ern Ableger aus dem Stiefelförmigen Mittelmeerland. Die Italiener sprangen auf jeden erdenklichen Zug im Horror, Action oder Sci-Fi Bereich auf, so auch auf die Zombiewelle, die sich durch DAWN OF THE DEAD im Jahr 1978 große Beliebtheit erfuhr. Zuerst schickte Lucio Fulci den Klassiker WOODOO – DIE SCHRECKENSINSEL DER ZOMBIES in Rennen, der ebenfalls ein großer Erfolg wurde und bevor Fulci weitere Werke in diesem Metier drehte, warfen viele Billig- und Exploitationfilmer ähnlich gelagerte Streifen auf die Leinwände der Bahnhofskinos. DIE RÜCKKEHR DER ZOMBIES ist so ein Film. In nur wenigen Tagen abgedreht zieht Andrea Bianchi alle Register und serviert einen schlecht gemachten Splatter-Film, der lediglich ein paar coole Effekte zu bieten hat.

Vergessen war gestern, wir sprechen darüber!

Eine Story ist quasi nicht vorhanden, denn der Exploitationfilm konzentriert sich lediglich auf Flucht- und Angriffsszenen. Die Ausgangssituation, in der ein Professor mit Zauselbart, der Steine ausgräbt, auf denen Smileys abgebildet sind, durch Unachtsamkeit die Toten erweckt ist unfassbar belanglos. Dass es da irgend einen mystischen Hintergrund gibt, wird nie erwähnt und so lässt man Zombies aus der Erde kriechen. Auf diese Szenerie folgt dann die bereits erwähnte Handlung. Zombies greifen an, töten irgendjemanden, der Rest der Bagage rennt weg, Zombies kommen hinterher, verhackstücken den nächsten, die Verbliebenen rennen weg und so weiter, und so weiter bis dann schließlich alle tot sind, oh sorry jetzt hab ich aber gespoilert. Man muss schon sagen, dass der Streifen eine ziemliche Gurke und Italo-Schlock der effizientesten Sorte ist. Das ganze scheint auch beim Regisseur zu Hause gedreht worden zu sein, denn die Schauplätze beschränken sich lediglich auf ein Haus und dessen Garten. Auch die Darsteller scheinen nie etwas von Schauspiel gehört zu haben, aber wenn meine Theorie stimmt, werden das auch einfach Freunde des Regisseurs gewesen sein. Wahrscheinlich hat Bianchi ein paar Leute übers Wochenende eingeladen, nebenbei festgestellt, dass er montags einen Zombie-Film liefern muss und einfach drauf los gedreht, so belanglos und uninspiriert wirkt der ganze Trubel. Die Krönung ist allerdings Peter Bark, ein 25-jähriger, der hier als 11 Jahre altes Kind auftritt und geil auf seine Mutter ist. Mit dieser Kenntnis macht das Ganze dann doch etwas Gaudi und ist auch ziemlich bizarr. Andrea Bianchi konzentriert sich derweil auf das Wesentliche: Modrige Zombies, viel Gekröse und etwas Sex! Für mehr scheint keine Zeit gewesen zu sein, meine Theorie wird irgendwie immer reeller, denn augenscheinlich scheint auch sämtliches Budget in die Effekte gegangen zu sein. Das Blut spritzt, Eingeweide werden herausgerissen und gefressen, Gliedmaßen werden abgetrennt und sogar eine weibliche Brust wird verspeist. Bianchi hat Niveau und Anstand tief im Keller eingesperrt und haut schön auf die Ekel-Kacke aber etwas anderes hab ich von einem Regisseur, der unsere filmische Welt mit solchen Klassikern, wie *MALABIMBA – KOMM UND MACH`S MIT MIR* oder *NACKT FÜR DEN KILLER* bereichert hat nicht erwartet. Sleaze Deluxe so zu sagen. Jedenfalls können sich die Zombies und die Gore-Szenen durchaus sehen lassen und etwas anderes will man bei so einem hingerotzten Machwerk auch gar nicht sehen, weshalb sich das Ganze auch eher für Gorehounds eignet, als für den „normalen" Horror-Gucker, denn, falls ihr es nicht schon ahnt, der Film kommt nicht unbedingt an Romeros Klassiker oder Fulcis Horror-Meisterstück heran. Auch Filme, wie *HELL OF THE LIVING DEAD* von Bruno Mattei würde ich klar vorziehen, da sie in ihrer Trashigkeit dann doch mehr Spaß machen.

DIE RÜCKKEHR DER ZOMBIES ist ein extrem abgefuckter Versuch mit dem Trend zu schwimmen, um im Fahrwasser der großen Hits auch ein Stück vom Kuchen abzugreifen. Bianchi bietet zwar einige coole Gore-Szenen und eklig-modrige Zombies, schert sich aber ansonsten um den Rest einen Dreck. Die Schauspieler agieren von schlecht bis ziemlich weird und für Ausstattung scheint kein Geld mehr da gewesen zu sein. Im Endeffekt ein schludrig runter gewichstes Cash-In Produkt für die Bahnhofskinos, welches man nicht unbedingt gesehen haben muss.

*von Christopher*

# Gary Busey – Der schlagzeugspielende Kampfsportler

von Till

Gary Busey – Geboren am 29.09.1944 in Goose Creek, Texas, USA

William Gary Busey wurde in Goose Creek in Texas geboren, doch aufgewachsen

ist er in Oklahoma. Seine Eltern waren vom Beruf Hausfrau und Baustellenleiter. Gary besuchte die Highschool in Tulsa, Oklahoma und machte dort erfolgreich seinen Abschluss. Der Schauspieler, der irische, englische, schottische und deutsche Wurzeln hat, war zunächst der Musik verschrieben. So wurde er Schlagzeuger und gründete in Oklahoma seine Band „The Rubber Band". Als Schlagzeuger ging er dann später nach Kalifornien und wirkte in dieser Funktion in Countrybands von Willie Nelson oder Kris Kristofferson mit. Der Träger des schwarzen Gürtels in den Kampfsportarten Budo-Jujitsu, Capoeira, Hapkido, „Jailhouse Rock" und Kendo hat eine Fluglizenz und war zweimal verheiratet. Mit seiner zweiten Frau Tiani Warden kam es einmal zum Kampf, bei dem er verhaftet wurde und nach einer Kaution wieder freigelassen wurde. Buseys Sohn Jake ist übrigens auch Schauspieler und wirkte u. a. in STARSHIP TROOPERS mit.

Markenzeichen von Busey sind neben seinen Zähnen und dem diabolischen Grinsen, seine markante Stimme.

1968 gab er sein Film, bzw. Fernsehdebüt und wirkte seitdem in ca. 171 Produktionen mit. Er spielte in vielen Filmen, die ihre Jahre überdauert haben. 1978 spielte er Buddy Holly in DIE BUDDY HOLLY STORY und wurde für den Oscar nominiert. Seine Filme sind so vielfältig wie genrelastig. Sei es als Gegenspieler von Gibson/Glover in LETHAL WEAPON, als Regierungsbeamter in „Predator 2" (mit einem grandiosen Auftritt in der Tiefkühlhalle), DER WERWOLF VON TARKER MILLS, ALARMSTUFE ROT, FEAR AND LOATHING IN LAS VEGAS, DROPZONE, DIE FIRMA oder LOST HIGHWAY. Wo er auftaucht, ist immer ein guter Film bei raus gekommen. Als ALIEN-Fan hier eine kleine Randbemerkung: er sollte in ALIENS VS. PREDATOR (2004) den John Yutani spielen. Quasi als Gegenpol zu Weyland und somit sollte die Brücke zu Weyland-Yutani geschlossen werden. Aber seine Rolle wurde aus dem Drehbuch gestrichen.

Busey ist für mich der Inbegriff guter 80er/90er-Jahre Action. Keiner kann so böse lächeln wie er.

Vergessen war gestern, wir sprechen darüber!

# DIRTY HARRY (1971)

Ein unbekannter Killer tötet vom Dach eines Wolkenkratzers aus ein ahnungsloses Mädchen. Der Täter, der sich selbst „Scorpio" nennt, droht mit weiteren Morden und fordert Lösegeld. Der Bürgermeister beauftragt Inspektor Harry Callahan damit, den Killer schnellstens zu fassen. Callahan, ein zynischer Einzelgänger, ist für seine harten, wenn auch effektiven Ermittlungsmethoden bekannt und hat regelmäßig Ärger mit seinen Vorgesetzten.

Es gibt einige Filme, da waren ganz andere Schauspieler für die Titelfigur vorgesehen. Doch durch Zeitmangel, aufgrund anderer Werke, keine Identifizierung mit dem Skript oder auch zu wenig Gage, lehnen manche dankend ab. Dann stellt sich die Frage, wie wäre es bei einem Klassiker gewesen, wenn ein anderer Schauspieler die Figur interpretiert hätte? Wäre dann der Film immer noch so erfolgreich geworden und ein Klassiker mit Kultstatus? Das sind offene Fragen die nie 100 % beantwortet werden können.

So sieht es zum einen bei DIRTY HARRY aus dem Jahr 1971 aus. Die Figur des rebellischen Cops, der sich den armen Bürgern verschworen hat und auf Vorschriften pfeift, war einst für andere männliche Topschauspieler gedacht. Für die Rolle von CALLAHAN waren vorerst Steve McQueen, John Wayne, Robert Mitchum und auch Frank Sinatra vorgeschlagen, der jedoch wegen einer angeblichen Handverletzung vom Angebot zurücktrat. Somit fiel die Entscheidung auf Clint Eastwood. In meinen Augen eine gute Wahl und ein Wink des Schicksals, dass er diese bedeutende und später sehr einflussreiche Rolle für das Action-Thriller Genre besetzen durfte.

## 44ER MAGNUM – WAS SONST?

Clint Eastwood machte sich schon in den 60er Jahren einen Namen in Hollywood mit der „Dollar-Trilogie". Die Zusammenarbeit mit Sergio Leone machte ihn jedoch eher in Europa bekannt und weltberühmt. In seinem Heimatland, den USA, dauerte es noch an mit dem Durchbruch.

Mit DIRTY HARRY begann sein Weg aus dem Schatten anderer Schauspieler. Harry was in den USA meist für Harold steht, ist ein spießiger Charakter. Allein der Name und das passend ausgewählte Outfit unserer Hauptfigur. Es spiegelt sich in der normalen Bürgerschicht wieder. Callahan pfeift auf die Vorschriften seiner Vorgesetzten und geht seinen eigenen Weg. Dies merkt man vor allem recht schnell daran, wie Callahan einen Zeugen befragt, egal was Arzt oder Kollegen über seine Arbeitsweise sagen. Der Rebell in Person, wie einst in der „Dollar-Trilogie".

Vergessen war gestern, wir sprechen darüber!

## Dollar-Trilogie in der Gegenwart

Doch die Rolle des CALLAHAN wäre nichts, wenn der Schauspieler nicht dafür geeignet ist. Eastwood verkörpert den Rebell im Sakko mit seiner Lieblingswaffe der 44er Magnum souverän und ausdrucksstark. Doch anstatt diese Rolle nur kühl und hart zu inszenieren, so vergibt Eastwood ihr auch menschliche Züge. Er zeigt

eindrucksvoll, dass im Sakko ein normaler Mensch steckt und keine Maschine. Somit wird der Rolle sehr viel Realismus eingehaucht.

Eastwoods Wunsch war es, dass der Film in seiner Heimatstadt San Francisco gedreht wird. Einige Szenen des Films wurden jedoch aufgrund der Örtlichkeiten auch in Los Angeles und Marin County gedreht. Die meiste Zeit des Films wurde in San Francisco gedreht, Eastwoods Wunsch wurde erhört und respektiert. Für den kompletten Film wurden insgesamt 4 Millionen US-Dollar zur Verfügung gestellt.

Die Arbeitsmethoden unserer Hauptfigur, dass man auf Vorschriften pfeift und sich auch mal denen widersetzt, fand in den späteren Jahren und Jahrzehnten einen festen Platz im Genre. DIRTY HARRY prägte das Action-Thriller-Genre zunehmend und ebnete den Weg für spätere Werke. Sozusagen entstand ein Leitfaden für andere Produktionen und Antihelden. Ob so eine Figur wie Harry Callahan auch in der Realität Erfolg hätte? Man weiß es nicht. Sich über die Gerichte und Gesetze Gedanken machen ist nicht verkehrt, aber man sollte der Realität ins Auge sehen.

## 4 Millionen US-Dollar Einsatz – 36 Millionen US-Dollar Einspielergebnis

DIRTY HARRY ist eine starke, einprägsame Filmfigur. Sie besitzt auch noch nach 30 Jahren dieselbe Ausstrahlung und Ausdrucksstärke, wie in den 70er Jahren. Zur Zeit des Films war die 44er Magnum frisch auf dem Markt und erfreute sich nach der Veröffentlichung des Films noch größerer Beliebtheit und Nachfrage.

Es wird oft in Hollywood behauptet, dass Ihre Filme auf wahre Begebenheiten beru-

hen, dies ist auch in DIRTY HARRY der Fall, aber es kann auch bewiesen werden. Der Film ist eine Hommage an den legendären Zodiac – Killer, der nie gefasst wurde. Dies ereignete sich in den späten 60er Jahren. Die Rolle von Eastwoods Callahan bezieht sich auf den damaligen Ermittler des San Francisco Police Department „Dave Toschi", der sich damals den Fall des Zodiac – Killers annahm und ermittelte.

*von Stefan*

+++ACTION+++   - 24 -

von Christopher

# VIPER – EIN EX-COP RÄUMT AUF (1994)

Der ehemalige Polizist Travis Blackstone versucht, seinen Bruder Franklin vor dem Gefängnis zu schützen. Er vernichtet dubiose Beweismittel der Polizei im Kampf gegen ein Drogenkartell. Dafür wandert Travis selbst ins Gefängnis. Nach fünfzehn Jahren Haft kehrt er zurück in seine Heimatstadt, um ein bescheidenes gesetzestreues Leben zu führen. Doch dann taucht Franklin erneut auf. Er bittet Travis, sich gegen eine Horde skrupelloser Killer zu stellen, da er fünf Millionen US-Dollar der Mafia unterschlagen hat. Travis macht sich sofort auf den Weg, seinen Bruder zu schützen und die Millionen wiederzugewinnen. Ohne große Schwierigkeiten zerschlägt er im Alleingang ein ganzes Gangstersyndikat.

Vergessen war gestern, wir sprechen darüber!

# +++ACTION+++

Im Action-Genre gibt es diverse Stars unterschiedlichen Grades. Es gibt A-Helden, wie Sylvester Stallone, Bruce Willis oder Arnold Schwarzenegger. Eine Ebene darunter, in der B-Riege, tummeln sich solche Hau drauf Ikonen, wie Jean-Claude van Damme, Steven Seagal oder Dolph Lundgren. Wenn man dann noch weiter die Treppe heruntergeht, trifft man noch kurz Michael Dudikoff und Chuck Norris, bevor man dann am Bodensatz der Action-Helden ankommt. Dort sieht man dann Lorenzo Lamas, den schnittigen „Falcon Crest"-Lover mit der dunklen Mähne, der seine Zeit abseits von Soaps damit verbracht hat, Low-Budget-C-Action-Filme in die Videotheken zu werfen. Am bekanntesten dürften die 3 SNAKE EATER Filme sein, ansonsten ist seine Filmographie wenig aufregend. Aber Moment, da gibt es noch einen, der es wert ist, ihn zu besprechen: VIPER – EIN EX-COP RÄUMT AUF.

Travis Blackstone (Lorenzo Lamas), ein ehemaliger Cop, der für seinen Ganoven-Bruder- Beweismittel vernichtet hat und dafür in den Knast wanderte, muss schon wieder für Bruder Franklin (Hank Cheyne) in die Presche springen. Der hat nämlich einem Drogenkartell 5 Millionen Dollar abgeluchst und steht nun auf der Abschussliste. Mit allen Wassern gewaschen stellt sich die „One-Man-Army" Travis den fiesen Schergen und er kennt keine Gnade!

Eins vorne weg. „Viper" ist ein C-Movie. Totales Videothekenniveau, aber eine echte Granate. Diese 88 Minuten sind extrem unterhaltsam und liefern jedem Freund von geradliniger Action ein wahres Feuerwerk. Verfolgungsjagden, blutige Shoot-Outs und eine gute Portion Martial-Arts zaubern hier jedem Genre-Freund ein Lächeln in das Gesicht. Hier geht es wunderbar rough zur Sache. Das Blut spritzt, die bösen Buben werden schonungslos ausradiert und zum Schluss gibt es noch einen netten End-Fight zu begutachten. Das niedrige Budget wurde anscheinend bis auf den letzten Dollar genutzt um über die eher wenig interessante und klischeebeladene Story zu kaschieren. Der Film hangelt sich von einer Action-Sequenz zur nächsten. Das macht extrem Laune und ist teilweise rasanter als es Chuck Norris je war. Lorenzo Lamas, der aussieht wie die von Steroiden geschwängerte und aufgepumpte Version von Thomas Anders, ist zwar kein Stern am Actionhimmel, war es nie und wird es auch nie sein, aber für einen No-Brain-Actioner dieser Marke reicht es allemal.

Dazu gibt es noch bei Genre-Fans, bekannte Gesichter, wie John P. Ryan in AVENGING FORCE, DELTA FORCE 2 oder Beau Starr aus HALLOWEEN 4–5, JOSHUA TREE zu bewundern. Regisseur Takács, der auch für den unterhaltsamen „Hardcover" verantwortlich ist, geht hier in die Vollen und inszeniert relativ gekonnt und ohne Schnick-Schnack feinstes C-Movie Futter für bierselige Film-Abende im heimischen Wohnzimmer. Es kracht, rummst und blutet, was anderes will man auch gar nicht, wenn Lorenzo Lamas auf dem Cover steht. Der Soap-Schönling ist sogar relativ stolz auf den Film und betitelt ihn als einen seiner besten Filme, womit er auch Recht hat. Die Uncut-DVD mit deutscher Synchronisation gibt es günstig von „Shamrock Media". Also ihr Action-Trasher, kaufen, Bier kalt stellen und Abfahrt!

Vergessen war gestern, wir sprechen darüber!

# NAKED VENGEANCE (1985)

von Stefan

Carla Harris ist eine Schauspielerin. Sie hat es geschafft in der großen Stadt Karriere zu machen, wohnt in L.A. und führt dort ein schönes Leben mit ihrem Ehemann. Doch eines Tages ändert sich ihre Situation dramatisch. Sie wird Zeugin, wie ihr Ehemann auf offener Strasse ermordet wird und flieht daraufhin ihn ihre alte Heimatstadt, die auf dem Land liegt. Hier will sie vergessen was sie gesehen hat, was ihr allerdings nicht ganz gelingt.

Ende der 70er Jahre machte ein Rape'n Revenge Streifen mit dem Titel *I SPIT ON YOUR GRAVE* auf sich aufmerksam. Im Zuge der Diskussion und des Erfolges des Films, gab es zahlreiche Produktionen, die sich mit der Thema befassten. Manche von Ihnen haben entweder zu wenig oder sogar zu übertriebene Gewalt im Petto, andere glänzen mit obskuren Ideen seitens der Story. Doch im Jahr 1985 tauchte ein weiterer Vertreter am Horizont auf, der es wahrlich in sich hat.

NAKED VENGEANCE auch unter MAD END bekannt, ist das Werk des Regisseurs Cirio H. Santiago. Bis zu seinem Tode im Jahr 2008 lieferte er uns zahlreiche B-Movies Granaten ab, die noch heute teilweise ihr Dasein auf VHS fristen. Er drehte Filme wie *TNT JACKSON* mit Pam Grier, *SILK 1 + 2*, *DEFENDER 2000* oder auch *HELLS ANGELS IN VIETNAM*.

Vergessen war gestern, wir sprechen darüber!

### Nackte rohe Gewalt

NAKED VENGEANCE besitzt eine ähnliche Struktur und Aussehen wie andere Vertreter aus dem Sub-Genre „Rape´n Revenge". Ähnlichkeiten zu *SAVAGE STREETS* von 1984 oder *ICH SPUK AUF DEIN GRAB* von 1978 sind unverkennbar. Doch geht dieser Film noch eine Stufe weiter. Das Schema „Sexy Frau, Vergewaltigung, Rache" wird, dem Zuschauer in einem flotten Erzähltempo nahe gebracht. Wer einige Filme des Regisseur Cirio H. Santiago kennt, wird hier einige bekannte Gesichter wiedererkennen. Sei es Kaz Garas, Nick Nicholson oder auch Henry Strzalkowski.

Auch wenn vieles im Film NAKED VENGEANCE vorhersehbar ist, so besitzt er eine ungeheure Spannung und dichte Atmosphäre. Vor allem trägt der Einsatz des Songs „Still Got a Love", der von Michael Cruz stammt und von der Hauptdarstellerin Deborah Tranelli gesungen wird, dazu bei. Der Song wird zwar des Öfteren im Verlauf der Story wiederholt, wirkt aber keineswegs nervig oder störend.

Die Szenen in denen unsere Heldin Rache an ihren Peinigern nimmt, sind sehr abwechslungsreich gestaltet worden. Da wird schon mal ein Opfer mit Alkohol übergossen und angezündet, oder es wird auch ein übergroßer Eishäcksler missbraucht. Zudem sind sie sehr blutig in Szene gesetzt worden. Die Thematik der Selbstjustiz ist fester Bestandteil der Handlung des Films.

Doch leider gibt es schlechte Nachrichten, für dem der nun in den Genuss dieses feinen Geheimtipps kommen möchte. In Deutschland ist er nur auf VHS vom Label „Lightning" veröffentlicht worden, in der R-Rated Fassung. Doch die deutsche R-Rated Fassung entspricht der amerikanischen Unrated Version von „Vestron". Es wird Zeit, dass dieser Film mal ordentlich ins Digitale Zeitalter katapultiert wird.

### Rache ist süss

Vergessen war gestern, wir sprechen darüber!

+++SciFi+++

von Stefan

# FUTURE PROJECT – DIE 4. DIMENSION (1985)

Amerikanischen Wissenschaftlern ist es gelungen eine Zeitmaschine zu bauen. Die Maschine ist aber gefährlich und unberechenbar und landet deshalb auf dem Schrottplatz der US-Luftwaffe. Um im Physikunterricht bestehen zu können, bedienen sich zwei Schüler dieses geheimnisvollen Apparates. Es kommt wie es kommen muss, die Maschine gerät außer Kontrolle ...

Mit seinem ersten Film hat es wohl kaum ein Regisseur leicht. Besonders nicht, wenn es sich noch um einen Film um Zeitreisen handelt, aber damit nicht genug. Hinzu kommt noch, dass der Film zeitgleich mit einem Blockbuster gestartet ist. Regisseur Jonathan R. Betuel startete seine kurze Filmkarriere mit der Abenteuer-SciFi-Komödie FUTURE PROJECT – DIE 4. DIMENSION im Jahr 1985.

Filmfans dürften sofort an „Zurück in die Zukunft" denken und genau dieser Film hat eine Teilschuld daran, dass es dieser Film hier kaum über den Tellerrand geschafft hat. Drei Jahre später drehte Betuel noch den Streifen *SILENT WHISPER* und wirkte an der TV-Serie „Freddys Nightmare" mit. Im Jahr 1995 beendete er seine Karriere mit *T-REX* mit Whoopi Goldberg.

Vergessen war gestern, wir sprechen darüber!

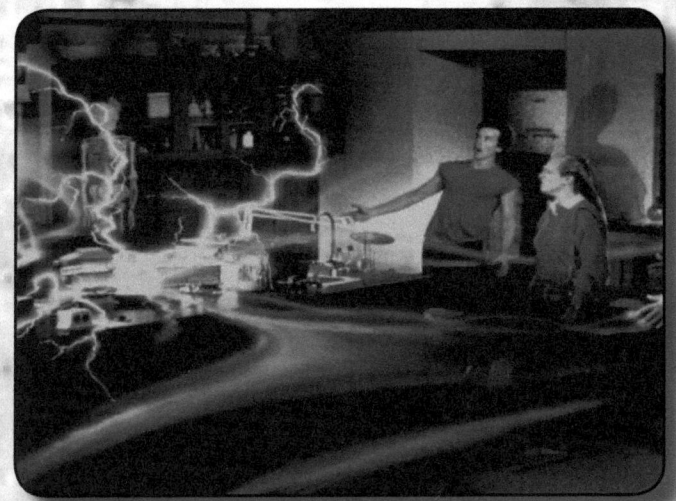

fekte mit jüngeren Filmen, so kann FUTURE PROJECT noch deutlich punkten. Zahlreiche Filme, die in den 90er Jahren gedreht wurden, können mit den einfachen und dennoch wirksamen Effekten Mitte der 80er kaum bis gar nicht mithalten. Man denke im Film nur an den T-Rex, die Spuk-Effekte und nicht zu vergessen: der Dimensiontunnel.

### Zeitreisen sind nicht Schrott!

Auch wenn es sich bei FUTURE PROJECT um einen B-Movie handelt, so weiß er zu überzeugen. Allen voran die obskure Story. Dazu die Settings, die Effekte und vor allem der überzeugende Cast.

John Stockwell bekannt, aus *RADIOACTIVE DREAMS*, gesellt sich charmant zu Richard Masur und Fisher Stevens, bekannt aus *NUMMER 5 GIBT NICHT AUF*. In einer kleinen Nebenrolle taucht noch Dennis Hopper auf. Alle Darsteller hatten sichtlich Spaß und große Freude am Set, was man durch ihre Leistungen sichtlich spürt und erkennt.

Die Story vom Film ist einfach gehalten und beinhaltet ein paar kleine logische Fehler. Allen voran der Hauptaufhänger des Films. Die Armee entwickelt eine Zeitmaschine und wirft sie auf dem Schrott?

Vergleicht man die Spezialef-

### Zeitloser Streifen

Durch den Umstand dass zeitgleich *ZURÜCK IN DIE ZUKUNFT* im Kino anlief, ist dieser amüsante und sehr unterhaltsame Streifen fast völlig in Vergessenheit geraten. Dies wird aller Wahrscheinlichkeit auch der Grund sein, wieso er es hierzulande lediglich auf VHS geschafft hat. Hinzu kommt noch, dass hier noch mit ein paar Dialogschnitten veröffentlicht wurde.

Vergessen war gestern, wir sprechen darüber!

+++SCIFI-HORROR+++

# DARK BREED - INVASION AUS DEM ALL (1996)

Eine amerikanische Raumfähre, auf der sich offenbar schreckliche Dinge zutrugen, stürzt unkontrolliert auf die Erde. Eine geheime Spezialeinheit der Armee soll das Wrack bergen. Doch die Astronauten haben ein tödliches Alien-Virus mitgebracht, welche sie zu nahezu unbesiegbaren Killern mutieren lässt ...

Wer das Filmstudio „PM ENTERTAINMENT" kennt, weiß was ihm bei den Filmen erwartet. B-Movies der besonderen Art. Die actiongeladenen Filme sind bei vielen beliebt und doch sind sie relativ unbekannt.

Wilde Verfolgungsjagden, Schiessereien, Schlägereien und Explosionen am laufenden Band. So könnte man das ehemalige Filmstudio, bestehend aus Joseph Merhi und Richard Pepin, einfach und schnell erklären.

Zumeist drehte das Studio Actioner mit der Thematik von Cops und Spezialeinheiten. Doch im Jahr 1996 wagten sie den Versuch ihr altbekanntes und bewährtes Muster noch mit Science-Fiction zu würzen.

Heraus kam DARK BREED - INVASION AUS DEM ALL.

### ALIEN UND PREDATOR IN EINEM!

Es fängt so harmlos an: Ein Pärchen sitzt im Auto am Hafen und möchte sich ein wenig amüsieren. Doch da taucht eine Raumfähre auf, im Sturzflug auf die Erde. Die Fähre stürzt ins Hafenbecken. An Bord die Besatzung, doch im Gepäck haben sie einen Alien-Virus der die Menschheit ausrotten will. Musste die Raumfähre umkehren auf die Erde und ihre Mission abbrechen, oder steckt vielleicht eine Verschwörung dahinter?

Vergessen war gestern, wir sprechen darüber!

Wie gewohnt ist die Story aus dem Hause PM ENTERTAINMENT einfach und simpel gestrickt. Das Böse taucht auf und die guten sind dazu aufgefordert, ihnen gehörig in den Arsch zu treten.

DARK BREED ist kein reiner Actionstreifen und kein reiner SciFi-Film. Eine gute Mischung der beiden sehr beliebten Genres. Natürlich verlässt das Studio nicht den gewohnten Weg. Somit bekommt der Zuschauer vor allem satte Action geboten.

Es knallt, zischt und zerplatzt vieles am laufenden Band. Das erfreut das Actionfilmfanherz ungemein. Autos fliegen durch die Luft, es werden großkalibrige Waffen eingesetzt und auch mal ein Zweikampf mit den Fäusten ist im Plot vorhanden.

### ACTION - GEWALT - SPECIAL EFFECTS

In erster Linie dient DARK BREED dazu, den Zuschauer zu unterhalten. Das schafft der Film auch mühelos, obwohl sich ein paar logische Fehler eingeschlichen haben. Da sieht man getrost drüber weg. Belohnt wird man mit satter und gut inszenierter Action. Eine düstere Atmosphäre, dies kommt vor allem zustande, da sich die meiste Zeit des Filmsy nachts abspielt.

Statt nur in die Action das geringe Budget zu investieren, steckte PM ENTERTAINMENT auch ein Teil des Geldes in Spezialeffekte.

Die Mutationen der infizierten Astronauten wurde zumeist mithilfe der Computertechnik umgesetzt. Das sieht zwar aufgrund des geringen Budgets nicht gerade Meisterhaft aus, erfüllt aber den Zweck. Ähnlichkeiten zu anderen Vertretern aus dem Genre-Mix sind klar zu erkennen.

Spannungsvoll erwartet der Zuschauer die Präsentation des kompletten Aliens aus dem Weltraum. Regisseur Richard Pepin, der uns auch *T-FORCE* und *CYBERTRACKER* (auch aus dem Hause PM ENTERTAINMENT) näher brachte, schuf eine spannende Interpretation des Skriptes. Das komplette Alien ist erst im satten Finale klar und deutlich zu sehen und zu erkennen. Zuvor bekommt man nur Teile der Verwandlung und einzelne Körperpartien zu Gesicht. In voller Pracht taucht es erst im Duell am Ende des Films auf. Zwar sind deutliche Ähnlichkeiten zu *ALIEN* und *PREDATOR* zu erkennen, aber gut geklaut ist auch was feines.

In Deutschland ist DARK BREED auf VHS und DVD zu kaufen, jedoch sind beide Auflagen leicht geschnitten. Ein paar blutige Szenen, die noch mit handgemachten Effekten kreiert wurden, fielen der Schere zum Opfer. Lediglich das Presse Tape zum Film ist komplett ungeschnitten.

von Stefan

# RETRO-FACTS

**+++FAKTEN+++**

**Retrofakten zu EIN AUSGEKOCHTES SCHLITZOHR (1977):**

Falls der Film ein Hit werden sollte, wollte "Pontiac" Burt Reynolds einen Trans-Am schenken. In den USA war er neben KRIEG DER STERNE der zweitgrößte Kassenhit im Jahr 1977. Reynolds wartete jedoch vergeblich ein seine Karre. Also rief er bei "Pontiac" an und es stellte sich heraus, dass der Geschäftsführer, der seiner Zeit die Zusage machte, unterdessen in Rente gegangen war. Doch der neue Geschäftsführer ließ sich nicht lumpen und schickte Reynolds letzten Endes das zugesicherte Auto.

**Retrofakten zu ANGEKLAGT (1988):**

Kelly McGillis entschied sich bewusst gegen die Rolle des Vergewaltigungsopfers Sarah Tobias und nahm stattdessen die Rolle der Staatsanwältin ein. Der Hintergrund für diese Entscheidung ist auf einen tragischen Vorfall zurückzuführen, bei dem sie im Jahr 1982 von zwei Männern in ihrem eigenen Apartment vergewaltigt wurde.

**Retrofakten zu ICH LIEBE DICH ZU TODE (1990):**

Die Handlung dieses Films geht auf ein tatsächliches Ereignis zurück: Der Pizzabäcker Tony Toto überlebte im Jahr 1983 mehrere Mordanschläge seiner Frau Frances. Nachdem er sie gegen Kaution aus dem Gefängnis geholt und ihr vergeben hatte, setzten beide ihre Ehe fort und tingelten mit ihrer Geschichte sogar gemeinsam durch diverse Talkshows.

*Vergessen war gestern, wir sprechen darüber!*

von Holger

**Retrofakten zu DAS WUNDER IN DER 8. STRASSE (1987):**

DAS WUNDER IN DER 8. STRASSE sollte ursprünglich eine Geschichte in der TV-Serie UNGLAUBLICHE GESCHICHTEN (1985) werden. Produzent Steven Spielberg fand den Plot aber so interessant, dass er entschied, einen abendfüllenden Spielfilm daraus zu machen.

**Retrofakten zu DIE PIRATENBRAUT (1995):**

Renny Harlins Piratenspaß gilt bis dato als der größte finanzielle Filmflop. Die Angaben schwanken und pendeln sich bei ca. 100 Mio. USD Budget ein und ca. 15 Mio. USD Einspielergebnis. Dieser Misserfolg brachte die Karrieren von Regisseur Renny Harlin und Hauptdarstellerin Geena Davis ordentlich ins Schlingern und trieb den namhaften Verleih CAROLCO in die Insolvenz.

**Retrofakten zu BILL & TEDS VERRÜCKTE REISE IN DIE ZUKUNFT (1991):**

Bill & Teds zweites Abenteuer sollte im Original eigentlich BILL AND TED GO TO HELL heißen, dies erschien dem Verleih dann jedoch doch zu negativ behaftet.

**Retrofakten zu STIRB LANGSAM 2 (1990):**

„Black & Decker" zahlte eine Menge Holz für das Product-Placement eines kabellosen Bohrers, den Bruce Willis in einer Szene benutzen sollte. Als die Szene jedoch herausgeschnitten wurde, geriet „20th Century Fox" als allererster Verleih überhaupt in einen Product-Placement-Rechtsstreit bezüglich eines Films. Man einigte sich außergerichtlich auf $150,000 Schadensersatz.

Vergessen war gestern, wir sprechen darüber!

+++STAR-PORTRAIT+++

# Lorenzo Lamas
# Zwischen Seifenoper und Action-Hero

von Christopher

Lorenzo Lamas wurde am 20. Januar 1958 in Santa Monica, Kalifornien als Lorenzo Fernando Lamas y de Santos geboren. Schon seine Eltern waren beide Schau-

spieler, zudem ist Lamas der Stiefsohn des Filmstars Esther Williams, die seinen Vater heiratete als er elf Jahre alt war. 1971 zog er schließlich nach New York und begann später Karate und Taekwondo zu trainieren. In beiden Kampfsportarten besitzt er den schwarzen Gürtel. Seit er fünf Jahre alt war liebäugelte Lorenzo Lamas mit einer Karriere als Schauspieler und studierte schließlich in Tony Barr's Film Actors Workshop, um kurz danach seine erste kleine Rolle im Fernsehen zu ergattern. Sein erster größerer Auftritt war seine Rolle als Tom Chisum im Kult-Film „Grease" aus dem Jahr 1978. Dort spielte er an der Seite der damaligen Jungstars John Travolta und Olivia Newton-John. Darauffolgend war er einige Zeit immer wieder in diversen TV-Serien in Gastrollen zu sehen, wie zum Beispiel in *FANTASY ISLAND*, *HOTEL* und *THE LOVE BOAT*.

Sein großer Durchbruch gelang ihm schließlich im Jahr 1981 mit der CBS-Seifenoper *FALCON CREST* in der er als Lance Cunsom mitwirkte und als einziger des Ensembles in allen 227 Episoden zu sehen war. 1990 wurde die Serie eingestellt. In den späten 80ern wollte Lamas sich schließlich neu erfinden und etwas ganz neues ausprobieren. Mit seinen Martial-Arts Fähigkeiten und seinem guten Aussehen lag eine Karriere im Action-Genre nahe. 1989 debütierte er schließlich im Low-Budget-Actioner SNAKE EATER von George Erschbamer, in dem er als Ex-Soldat Jack Kelly quasi als Rambo-Verschnitt auftrat und miese Hinterwäldler aufmischte. Der Streifen wurde ein kleiner Erfolg und zog in den Jahren 1990 und 1992 mit *SNAKE EATER`S REVENGE* und *SNAKE EATER III ...HIS LAW"* zwei Fortsetzungen nach sich, in denen er ebenfalls seine Rolle weiterführte.

Vergessen war gestern, wir sprechen darüber!

Infolgedessen widmete sich der Schauspieler weiteren, vornehmlich Low-Budget, Action-Streifen, wie zum Beispiel *GLADIATOR COP*, *MIDNIGHT MAN*, *FINAL IMPACT*, *VIPER* aka BAD BLOOD oder den von „P.M. Entertainment" produzierten *C.I.A. CODENAME: ALEXA* und *C.I.A. II: TARGET ALEXA*, wobei er bei letzterem sogar sein Debüt als Regisseur gab. Alle diese Werke waren Direct-to-Video Produktionen und einige erfreuen sich bei B-Movie Fans heute noch großer Beliebtheit. Zudem konnte Lamas in dieser Zeit auch wieder TV-Erfolge feiern, denn von 1992 bis 1997 war er Star der Action-Serie *RENEGADE* von Showrunner Stephen J. Cannell, der schon für *21 JUMP STREET* und *DAS A-TEAM* verantwortlich war. *RENEGADE* wurde in über 100 Ländern ausgestrahlt und war auch in Deutschland ein großer Erfolg. Nach dem Ende der Serie, fiel es Lamas schwer an alte Erfolge anzuknüpfen.

Bis in die 2000er drehte er noch einige billige Action-Filme, die aber kaum mehr Publikum fanden. Von 2004 bis 2007 stand er schließlich für die seit 1987 produzierte, schmierige schlechte Seifenoper *REICH UND SCHÖN* vor der Kamera, die hierzulande im Morgenprogramm von Tele 5 weggesendet wird. Danach folgten, vornehmlich, nur noch Gastauftritte in diversen TV-Serien oder Rollen in Trashproduktionen, wie *MEGA SHARK VS. GIANT OCTOPUS* oder *SHARKNADO 3*. Lorenzo Lamas ist mittlerweile zum fünften Mal verheiratet und Vater von sechs Kindern und immer noch im kleinen Rahmen aktiv. Zudem war er in den 80er Jahren zeitweise als Rennfahrer aktiv und unterhielt sogar ein eigenes Team. Trotz allem schätzen wir ihn, da er einige gute B-Movie Kracher hingelegt hat, die uns auch heute noch Freude bereiten.

Vergessen war gestern, wir sprechen darüber!

# Truck Stop Women (1974)

*von Christopher*

Auf dem Asphalt tobt ein Krieg über die Herrschaft auf den Highways. Die hartgesottene Unternehmerin Anna führt einen erfolgreichen Truck-Stop mit Motel und Restaurant. Doch all das ist nur Fassade für ihr eigentliches Kerngeschäft – einer lukrativen Mischung aus Bordell, Diebstahl- und Schmugglerring. Dem organisierten Verbrechen sind ihre gewinnbringenden Aktivitäten schon lange ein Dorn im Auge. Einer der führenden Mafiakiller macht sich aus diesem Grund an Rose, Annas hübsche Tochter, heran. Durch sie will er den Truck Stop übernehmen und Anna ausschalten. Doch die ahnt bereits, was das Kartell plant und schmiedet tödliche Gegenpläne.

Gestandene Frauen, die selbst zur Waffe greifen und sich gegen das männliche Geschlecht behaupten. Dieses feministische Motiv, welches man im Mainstreambereich heute oft vermisst, war in den 70er Jahren ein beliebtes Mittel für einschlägige Genre Produktionen des berüchtigten Grindhouse-Kinos. Genau in diese Kerbe schlägt TRUCK STOP WOMEN und entführt uns in die Welt schmieriger Highway-Raststätten in denen Frauen die Hosen anhaben, was aber mehr bildlich gemeint ist.

Vergessen war gestern, wir sprechen darüber!

Die Geschichte ist dabei, wie bei vielen Grindhouse-Filmen, denkbar einfach. Es geht um einen kleinen Bandenkrieg auf den Highways in New Mexico, auf denen Anna mit ihrem Truck Stop das Sagen hat. Mit Prostitution, Diebstählen und Schmuggel hat sie sich ein kleines Imperium aufgebaut, was nun von der Mafia bedroht wird, die den Laden gerne übernehmen möchte. Diese lapidar einfache Grundsituation ist recht gut umgesetzt und man erkennt schon in diesem Frühwerk, dass Regisseur Mark L. Lester das Inszenieren durchaus drauf hat. Schöne Kamerafahrten über die Highways lassen nostalgische Erinnerungen alá CONVOY wachwerden und trotz des geringen Budgets wurde versucht das Maximum herauszuholen. Besonders in den Action-betonten Szenen kann das der Zuschauer sehr gut sehen. Zwar sind hier keine großartigen Effekte vorhanden, jedoch kommen die Verfolgungsjagden und Keilereien mit Lastwagen gut zur Geltung und man hat sich Mühe gegeben das Optimum abzuliefern.

Das bereits angesprochene feministische Motiv kommt gut rüber, besonders wenn zum Schluss Annas Prostituierte mit Maschinengewehren ein Auto zerschießen, sieht das schon ziemlich cool aus. Auch die Handlung über Rose, die zwischen beiden Seiten steht und man nie genau weiß für wen sie jetzt handelt ist gut und durchaus spannend umgesetzt, so dass auch das Ende durchaus überraschen kann. Dieses schwelgt in der klassischen Showdown Situation alter Western und hat eine coole Atmosphäre. Natürlich ist der Film aus heutiger Sicht sehr behäbig und auch im Mittelteil etwas dröge. Mir selbst als Exploitation-Liebhaber fehlt etwas das Schräge und Andersartige, sowie eine gute Portion Sleaze, was nicht heißt das der Film nicht unterhaltsam wäre. Der Streifen hat einfach diesen 70er Vibe, der sich von Beginn an durchzieht. Diese Welt, die der Film zeichnet ist durchaus interessant und es macht Spaß den Figuren zuzuschauen.

Jedoch ist mir der Film zu zahm um ein richtiger Kracher zu sein. Von Mark L. Lester, der unsere Welt mit Perlen, wie DIE KLASSE VON 1984, SHOWDOWN IN LITTLE TOKYO und natürlich PHANTOM KOMMANDO bereichert hat, hätte ich da etwas mehr Vollgas-Mentalität und mehr Bad-Ass Momente erwartet. Ich denke es ist dem mageren Budget geschuldet, dass er nicht mehr machen konnte aber Schwamm drüber. Dafür bekommt man einige Titten zusehen, was eine minimale Entschädigung ist, sind diese, wie auch die kleinen Stunts sehr amüsant. Besonders erwähnenswert ist sicherlich eine Szene in der Mitte des Films, die wie ein Musikvideo wirkt. Das ist total überraschend aber auch total schräg und zu dem spaßig, denn auch der Soundtrack macht einiges her und besteht aus klassischen amerikanischen Country-Songs, die perfekt in die Szenerie passen und den Film schon fast

zum „Feel-Good-Movie" machen und ich mich audiovisuell bei SMOKEY AND THE BANDIT von 1977 befand.

Die Darsteller agieren routiniert und sind bis auf Claudia Jennings nicht sonderlich erwähnenswert, da sich sonst kein bekannter Name unter der Besetzung findet. Jennings war Playmate, kann nicht spielen aber sieht sehr ansprechen aus, ich wollte das nur mal erwähnt haben. Besonders schön kommt der Film in der neuen Veröffentlichung von „Xcess Entertainment" daher, die ein gut gestaltetes Mediabook an den Start bringen. Bild- und Tonqualität können vollends überzeugen und die Edition wartet mit ein paar sehr guten Bonusfeatures auf: Ein sehr informatives Interview mit Mark L. Lester, ein, wie alle seine Arbeiten, fantastischer Audiokommentar von Marcus Stiglegger zusammen mit Katrin Groß, sowie ein Booklet mit einem tollen Text Stigleggers zu Regisseur Mark L. Lester. Eine rundum gelungene Veröffentlichung zu einem Film, den wohl niemand auf dem Zettel hat.

TRUCK STOP WOMEN ist ein klassischer „Drive-In Streifen" aus dem Jahr 1974. Gute Momente, interessante Handlungselemente, cooler Soundtrack und einige schöne Actionmomente bilden einen unterhaltsamen Genre-Film, der trotz seiner Vorzüge etwas austauschbar und unaufregend bleibt um richtig zu rocken. Allein durch die schöne Edition sei der Film Fans des Grindhouse-Kinos ans Herz gelegt, alle anderen werden daran wahrscheinlich nicht viel Freude haben.

Vergessen war gestern, wir sprechen darüber!

# Meg Foster – Die wahre Christine Cagney

*von Till*

Meg Foster – Geboren am 10.05.1948 in Reading, Pennsylvania, USA

Meg Foster hat, neben den guten darstellerischen Leistungen, vor allem ein, bzw. zwei Merkmale: ihre kühlen, blauen, fast durchsichtigen Augen. Prädestiniert ist oder war die gelernte Theaterschauspielerin dann für Rollen, die etwas Mythisches oder Böses beinhalten.

Sei es in einem meiner Lieblingsfilme „Masters of the Universe" als „Evil-Lyn" (die sie an Shakespeares MacBeth anlehnte) oder als böse Gegnerin von Roddy Piper in SIE LEBEN. All dies waren Rollen, die sie als bösen Gegenpart zeigte. Dass sie aber auch anders eingeschätzt wurde, zeigte ihre eigentliche Hauptrolle in der TV-Serie CAGNEY & LACEY. Hier ersetzte sie die Schauspielerin, diese eigentlich Christine Cagney spielen sollte, da sie noch eine Verpflichtung bei der TV-Serie „M.A.S.H." hatte. Foster hatte bereits 6 Folgen der Serie abgedreht. Bis die Produzenten eine weiblichere Darstellerin wollten und keine „starke". Die Rolle sollte eher eine „normale" Frau zeigen und keine karriereorientierte. Wie schwach von denen. Hätte doch Foster viel herausholen können.

Neben Parts in STEPFATHER II oder LEVIATHAN wirkte sie in vielen Genrefilmen mit: DER SMARAGDWALD, DAS OSTERMANN WEEKEND, SHADOWCHASER (ein weit unterschätzter B-Film), oder BLINDE WUT. Auch viele TV-Serien besuchte ihr Gesicht wie in MORD IST IHR HOBBY, DEEP SPACE NINE oder MIAMI VICE. Heute findet man sie gerne auf Cons. Ich sehe sie aber immer wieder gerne in einem der 80er oder 90er B-Filmen bzw. Videotheke-Waren.

Vielleicht gibt man ihr ja nochmal eine Chance ihre schönen Augen auf die große Leinwand zu richten.

*Vergessen war gestern, wir sprechen darüber!*

+++STAR-PORTRAIT+++

# Bonnie Bedelia – Ballet mit Kevin allein zu Hause

*von Till*

Bonnie Bedelia – Geboren am 25.03.1948 in New York City, USA

Bonnie Bedelia ist vor allen durch ihre Rolle als Ehefrau von Bruce Willis in den ersten beiden *STIRB LANGSAM*-Filmen bei uns bekannt geworden. Dass Sie aber viel mehr als Film kann, zeigt ihre kleine Biografie. Bonnie Bedelia wurde als Tochter vom Journalisten Phillip Harley Culkin und der Autorin und Cutterin Marian Ethel Wagner Culkin geboren. Die familiären Wurzeln reichen zurück nach Irland, Deutschland, Schweiz, Frankreich und England. Momentmal ? Culkin? Klingelt da nicht was? Bedelia hat noch drei weitere Geschwister: Christopher, Terry und Candance. Alle sind im Schauspielgeschäft mehr oder weniger tätig. Christopher ist der Vater von Kieran, Rory und Macaulay Culkin, dem ehemaligen Kinderstar aus „Kevin allein zu Haus". Bedelia ist somit die Tante von Macaulay.

Bedelia ging auf die Quintano School for young Professionals in New York und trat schon früh in Theaterproduktionen auf und auch ein paar lokale Fernsehsender sah sie bereits von innen. Sie wurde bei einer kleinen Produktion ihrer Schule von einem Talentscout entdeckt, der sie ermutigte weiter zu machen. So gab sie im Alter von 9 Jahren ihr großes Theaterdebüt in North Jersey im Stück *DR. PRAETOTIUS*. Dieses Stück war es auch, welches ihre Eintrittskarte zu einen Stipendium im „New York City Ballet" von George Balanchine (ein russischer Balletlehrer und Choreograf u. a. vom russischen Ballett) einbrachte. Nachdem sie aber nur in vier Produktionen als Tänzerin mitwirkte, entschied Bedelia, sich weiter der Schauspielerei zu widmen.

Vergessen war gestern, wir sprechen darüber!

1961 bekam sie ihre erste größere Rolle in der Seifenoper LOVE OR LIFE, die sie fünf Jahre lang spielte. Während dieser Zeit trat sie auch weiterhin am Broadway auf u. a. in den Stück THE PLAYROOM für den sie 1967 den Theatre World Award bekam als „Promising new Artist".

Der Film wurde auf sie aufmerksam. 1969 gab sie ihr Filmdebüt in DIE DEN HALS RISKIEREN mit Burt Lancaster und Deborah Keer. Größere Bekanntheit erlangte sie im selben Jahr in dem Film NUR PFERDEN GIBT MAN DEN GNADENSCHUSS an der Seite von Bruce Dern. Es folgte 1970 LIEBHABER UND ANDERE FREUNDE. Dann wurde es etwas ruhiger um ihre Filmkarriere. Sie konzentrierte sich auf ihre Familie. Bedelia heiratete den Drehbuchautoren Ken Luber und bekam mit ihn zwei Söhne. Die Ehe wurde 1980 geschieden. Ab und an trat sie in Fernsehproduktionen auf wie in der Stephen King Verfilmung „Brennen muss Salem".

Erst ihre Rolle im 1983er Film „...UND WENN DER LETZTE REIFEN PLATZT indem sie eine Rennfahrerin spielte (die das erste Dragster Rennen gewinnen konnte) brachte sie wieder nach vorne. Ihre Leistung war so gut, dass sie für den Golden Globe nominiert wurde.
Es folgten dann in den 80er Rollen in Filmen wie DER PRINZ AUS PENNSYLVENIA oder DER SCHATTENMACHER. In den 90er sah man sie in Filmen wie AUS MANGEL AN BEWEISEN an der Seite von Harrison Ford oder IN EINER KLEINEN STADT. In dieser Dekade konzentrierte sie sich zunehmend auf das Fernsehen.
Heute ist sie in dritter Ehe mit Michael MacRae (COMA, MÖRDERISCHER VORSPRUNG) verheiratet und ist Mitbegründerin vom „Los Angeles Classic Theater Works".

Bedelia wird wohl immer Holy Gennaro McClane bleiben. Aber es lohnt sich ihre anderen Produktionen wiederzuentdecken.

Vergessen war gestern, wir sprechen darüber!

+++ABENTEUER+++

# TOP JOB (1967)

von Christopher

Rio de Janeiro: Dreißig lange Jahre konnte der Lehrer Prof. Anders wieder und wieder beobachten, wie in einer Diamantenbörse gegenüber der Schule Edelsteine im Millionenwert übergeben und aufbewahrt werden. Er entwickelt einen raffinierten Plan, um mit einer Truppe von Einbruchsspezialisten, die er rund um den Globus rekrutiert hat, an den wertvollen Schatz zu gelangen.

Das Genre des sogenannten Heist-Films erfreut sich seit jeher großer Beliebtheit: Spektakuläre Einbrüche und Raubzüge im filmischen Gewand sind auch heute noch eine beliebte Spielart der Krimiästhetik. Der 1967 erschienene TOP JOB – DIAMANTENRAUB IN RIO gehört zu frühen, stilbildenden Vertretern, welcher mittlerweile, zu Unrecht, etwas in Vergessenheit geraten ist. Mit Starbesetzung, geschickter Inszenierung und unwiderstehlichem 60er Jahre Flair schickt Regisseur Giuliano Montaldo seine Akteure an den Zuckerhut für eine spannende und vergnügliche Gauner-Geschichte.

2001 brachte Steven Soderberghs OCEAN`S ELEVEN den Heist-Film wieder auf die großen Leinwände zurück. Viele vergessen, dass auch schon diverse Stars vor George Clooney, sich an großangelegten Raubzügen versuchten. Egal ob Michael Caine in CHARLIE STAUBT MILLIONEN AB oder Frank Sinatra in FRANKY UND SEINE SPIESSGESELLEN. Sie alle prägten die gängigen Muster des Heist-Films, dessen Konventionen meist nach demselben Schema funktionieren aber immer viel Spaß und Spannung bringen. TOP JOB - DIAMANTENRAUB IN RIO ist in diesem Sinne ein klassischer Vertreter, denn auch dieser Film aus dem Jahre 1967 verläuft nach einem bestimmten Schema: Es gibt einen Plan, Spezialisten werden rekrutiert, der Heist wird vorbereitet, es gibt Komplikationen, es entsteht eine Situation, die keiner eingeplant hat, der Heist wird durchgeführt und zum Schluss gibt es noch einen Twist. Diese Formel wird in TOP JOB bis zum letzten Punkt angewandt, was aber nicht bedeutet, dass der Film langweilig wäre. Giuliano Montaldo, der sonst eher im filmischen Neo-Realismus unterwegs war, und dessen Filme, wie DIE IM DRECK KREPIEREN mit Franco Nero oder SACCO

Vergessen war gestern, wir sprechen darüber!

UND VANZETTI mit Gina Maria Volonte eher ernsthafte Gesellschafts-Dramen und Sittengemälde darstellen, als reines Unterhaltungskino. So bildet der Ganoven-Film eine kleine Ausnahme in der Filmographie des 86-jährigen Filmemachers. TOP JOB ist definitiv sein leichtester und zugänglichster Film, war er doch der erste große Spielfilm des Regisseurs. Jedoch inszeniert Montaldo auch hier mit viel Fingerspitzengefühl. Die Location des Films, Rio de Janeiro, fängt der Italiener gekonnt ein und präsentiert uns schöne und malerische Bilder der südamerikanischen Metropole. Auch der Karneval hält Einzug in den Film und erzeugt ein exotisches Ambiente. Montaldo hält sich, wie schon erwähnt, an die Gesetze des Genres, schafft es aber diese spannend zu erzählen. Hauptpunkt ist natürlich der Raub an sich, der im Film mit einigen Komplikationen versehen ist. Teilweise zwar recht Over-The-Top, jedoch zu keiner Sekunde langweilig. Hier zeigt der Film ein gutes Gespür für Timing und Spannung und auch der Twist zum Ende des Films kommt gut und überraschend daher.

Großen Anteil daran haben sicherlich die einzelnen Figuren, die, genretreu, unterschiedliche Charaktere sind. Da wären der Aufreißer und selbstsichere Playboy Jean-Paul, der gelassene und hochkonzentrierte Safeknacker Gregg, der nervöse und unsichere Technikspezialist Agostino und der entschlossene und mit Killerambitionen versehene Ex-Soldat Erich und natürlich der besonnene Urheber des Unterfangens, Prof. Anders, der sich weitestgehend im Hintergrund hält. Diese Figuren erzeugen eine ganz eigene Gruppendynamik, die auch die ruhigen Szenen extrem spannend und interessant macht. Was zu diesem Aspekt beiträgt ist die Tatsache, dass jede Figur mit eigenen Problemen konfrontiert wird, was die einzelnen Personen ambivalenter und dreidimensionaler macht. Gregg und Augostino zum Beispiel, stoßen

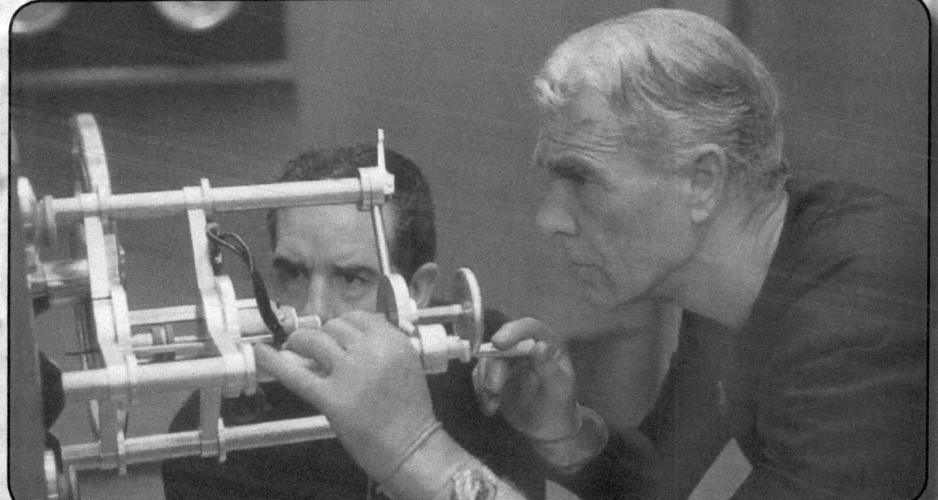

an ihre Grenzen, da sie eine Technik überlisten müssen, mit der sie keine Erfahrung haben. Jean-Paul, der sonst so selbstverliebt und sicher ist, blitzt bei seiner Zielperson Mary-Ann ständig ab, was ihn enorm unter Druck setzt und nervös werden lässt. Zu guter Letzt wäre da noch Erich, der immer öfters, aufgrund der Komplikationen die Beherrschung verliert und versucht seine Aggressionen zu kontrollieren. Aus diesem Verhalten entwickelt sich eine ganz eigene Spannung, so dass man beim eigentlichen Heist schön mitfiebern kann.

Vergessen war gestern, wir sprechen darüber!

+++ABENTEUER+++

Für solche Charaktere braucht man natürlich geeignete Darsteller. Man konnte für die deutsch-italienisch-spanische Ko-Produktion einen tollen Cast zusammentrommeln. Der österreichische Star Robert Hoffmann, Hichtcock-Aktrice Janet Leigh, Bond-Bösewicht Adolfo Celi, Schauspiel-Legende Edward G. Robinson und Deutschlands Export-Schlager Klaus Kinski brillieren in ihren Rollen und sind mit viel Verve bei der Sache, was den Film nur noch sehenswerter macht. Auch die Musik ist ein Genuss. Italiens Filmmusik-Legende Ennio Morricone beweist einmal mehr, dass er nicht nur Musik für Italo-Western komponieren kann, sondern auch für leichte Unterhaltungsmusik ein Händchen hat. Mal klassisch, mal poppig, mal verspielt. Der Score ist ein echter Ohrwurm, der mit seinen Rhythmen und experimentellen Sounds die exotischen Bilder fantastisch ergänzt. Wer auf den Geschmack gekommen ist, kann diesen Film in einer neuen DVD-Edition erwerben. Das deutsche Label „Filmjuwelen" veröffentlicht viele ältere, vor allem viele deutsche, Genre-Filme und hat TOP JOB eine Auflage spendiert. Im schönen Schuber mit Booklet und Bonusmaterial kann man den Heist-Film relativ günstig kaufen.

TOP JOB - DIAMANTENRAUB IN RIO ist ein waschechter Heist-Film. Exotische Location, tolle Darsteller, tolle Musik, Spannung und ein unverkennbar lockeres 60er Jahre Flair zeichnen dieses Juwel aus. Ein exzellenter Krimi für den kuscheligen Sonntagabend. Sehr zu empfehlen.

Vergessen war gestern, wir sprechen darüber!

+++FILMTICKER+++

# Die Fliege (1958)

Andre Delambre, ein Wissenschaftler ist tot. Inspektor Charas untersucht diesen Fall. In Rückblenden erzählt der Film die Geschehnisse. Delambre hat ein Teleportationsgerät erfunden und in einen Selbstversuch die Funktrionalität ausprobiert. Nur hatte sich bei diesen versuch eine Fliege mit eingeschleust. Nun haben sich die gene vermischt. Delambres Körper hat nun einen Fliegenkopf und Arm. Der menschliche Kopf ist nun an der Fliege dran und schwirrt davon. Er bietet seine Frau sein Gerät und seine ganzen Forschungsergebnisse zu zerstören und ihn zu töten. Was sie auch tut. Charas sitzt dann zusammen mit den Bruder von Delambre (Vincent Price) im Garten und entdeckt die Fliege mit dem menschlichen Kopf in einem Spinnennetz. Bevor die Spinne nun bei der Fliege ist, tötet er sie mit einen Stein.

## Atemberaubender Klassiker mit vielen schockierenden Momenten

Auch wenn das ebenso geniale Remake für den heutigen Zuschauer schockierender ist: Regisseur Kurt Neumanns Stil, seine ruhige Kamera, der gezielte Einsatz von Tönen und die toll agierenden Schauspieler bilden ein Gesamtkunstwerk des Fantastischen, das die Löcher in der Handlung und die Ungereimtheiten vergessen lässt.

Der Deutsche Neumann schafft eine beunruhigende Atmosphäre mit minimalem Aufwand und er beschränkt sich dabei auf so einen kleinen Spielraum (Labor & Haus), dass er die Spannung steigert, bis zum gänsehauterregenden Schluss, der einem im Gedächtnis bleibt. Neumann schafft es, Sympathie mit den Figuren zu haben, und so ist der Zuschauer mit am Schicksal beteiligt.

Auf drastische und einleuchtend-warnende Weise bringt Neumann seine Angst vor dem Fortschritt, wie auch seine Kritik an dem Menschen, der sich in seinem Wahn des Wissens verliert.

In einer Nebenrolle als Hausmädchen ist übrigens Kathleen Freeman zu sehen: der „Pinguin" aus *BLUES BROTHERS*. Der Film zog zwei Fortsetzungen mit sich DIE RÜCKKEHR DER FLIEGE (1959) und DER FLUCH DER FLIEGE (1965) und bisher ein Remake von 1986 (Regie David Cronenberg) plus Fortsetzung.

*von Till*

Vergessen war gestern, wir sprechen darüber!

# A Chinese Ghost Story (1987)

Der junge und reichlich naive Schuldeneintreiber Ling Choi San hat in einem Unwetter alle Schuldscheine verloren und muss nun, mittellos geworden, die Nächte unter freiem Himmel verbringen. In den Ruinen eines abgelegenen Tempels trifft er dabei auf eine wunderschöne Frau, in die er sich auf der Stelle verliebt. Doch diese Frau ist ein Geist, der von einem bösartigen Baumdämon als Köder für Menschenopfer benutzt wird. Sie will ihn vor dem Dämon retten, doch der hat bereits Wind von der Romanze bekommen. Mit Hilfe des Schwertkämpfers und Exorzisten Yen stellt sich Ling schließlich dem Ungeheuer zum Kampf.

von Till

## Unverwechselbares Stück Hong Kong Mystizismus der 80er Jahre

Während John Woo zu der Zeit einen anderen Stil in Hong Kong pflegte, so besticht aber auch dieser Film durch eine besondere Sache: seiner Einzigartigkeit der Inszenierung. Ein magisches chinesisches Märchen für Erwachsene mit einem gewissen kindlichen Charme und Unbekümmertheit. Es ist eine phantastische Geschichte um Liebe, die über den Tod hinaus geht. Gerade wenn es zur Konfrontation mit dem Reich des Todes kommt ist der Film wild und mystisch zugleich und das alles mit einer Prise Humor, die die chinesischen Filme manchmal so an sich haben. Nur mit den Unterschied, dass das hier beabsichtigt ist. Er unterhält mit der chinesischen Mythologie so gut, dass man gar nicht merkt wie die Zeit verfliegt und das ist immer ein Gutes Zeichen für einen Film. In diesem Film gibt es eben alles: phantastische Farbgebung, exzellente Regie, eine lebendige Kamera die wunderschöne Bilder einfängt, gute Schauspieler, rasante Schnitte und eine putzige Musik. Kurzweil wird geboten.

# Vorschau Ausgabe 3

# Und vieles mehr....

Vergessen war gestern, wir sprechen darüber!

*Impressum:*

**Herausgeber:**
**Stefan Böse**

**Autoren:**
**Till Bamberg**
**Holger Borgstedt**
**Christopher Feldmann**

**Lektorat:**
**Holger Borgstedt**
**Bernhard Heidkamp**

Impressum:
© 2016
Herstellung und Verlag: BoD – Books on Demand, Norderstedt.
ISBN: 9783743176966

## Bild-Quellen der Screenshots:

Big Doll House © Blu-ray Shout Factory!
Lake Placid © DVD Universum Film
Tammy and the T-Rex © VHS Goldlight
Kopfgeld für einen Killer © DVD White Pearl
Panik im Tokio-Express © Blu-ray Subkultur
Nackt unter Leder © DVD e.m.s.
Neonkiller © VHS Vestron
Footloose © DVD Paramount
Die Rückkehr der Zombies © DVD cmv Laservision
Dirty Harry © DVD Warner
Viper - Ein Ex-Cop räumt auf © DVD Shamrock Media
Naked Vengeance © VHS Lightning Video
Future Project © Blu-ray Disc: Mill Creek
Dark Breed © DVD Madison Home Video
Truck Stop Women © Blu-ray Xcess Entertainment
Top Job © DVD Filmjuwelen
Die Fliege © DVD 20th Century Fox
A Chinese Ghost Story © DVD e.m.s.

## Informationsquellen:
www.retro-film.info
www.wikipedia.de
www.schnittberichte.com
www.ofdb.de
www.imdb.com
www.amazon.de
Splattermovies - Das Splatterblog

Vergessen war gestern, wir sprechen darüber!